AF372794

ग्रामीण अर्थव्यवस्था: कृषि एवं उद्योग

डॉ. रामदयाल पासवान
अर्थशास्त्र विभाग
पूर्णियाँ कॉलेज, पूर्णियाँ

Delhi-110089, India

प्रथम संस्करण : 2021
ISBN : 978-93-90889-65-5

मूल्य : 285/-

आवरण : ज्योति

ग्रामीण अर्थव्यवस्थाः कृषि एवं उद्योग
डॉ. रामदयाल पासवान

Grameen Arthvyavastha: Krishi Evam Udyog
By-Ramdayal Paswan

Published by
PRAKHAR GOONJ PUBLICATION
Delhi-110089
Email : prakhargoonj@gmail.com
          sinha.neelu123@gmail.com
Ph. : 011-27851059, 7982710571, 011-42635077
Web : prakhargoonjpublications.com

आभार प्रदर्शन

मुझे आपके सम्मुख "ग्रामीण अर्थव्यवस्था : कृषि एवं उद्योग" पुस्तक प्रस्तुत करते हुए आपार हर्ष का अनुभव हो रहा है। मैंने इस पुस्तक की रचना विद्यार्थी एवं शोधार्थी के लिए की है। विद्यार्थी एवं शोधार्थी को ग्रामीण अर्थव्यवस्था : कृषि एवं उद्योग से संबंधित समस्याओं तथा समाधान संबंधी मानक एवं विश्लेषणात्मक सामग्री उपलब्ध हो इसी उद्देश्य को ध्यान में रखते हुए मैंने इस पुस्तक की रचना की है।

मैं गुरुदेव प्रो. डॉ. मोहन प्रसाद श्रीवास्तव, सेवानिवृत्त विभागाध्यक्ष, अर्थशास्त्र विभाग, मगध विश्वविद्यालय, बोधगया को नमन करता हूँ, जिन्होंने हमेशा मेरा मार्गदर्शन एवं स्नेह प्रदान किया। मैं अपनी स्नेहमयी माता स्वर्गीय धनेश्वरी देवी एवं पिता स्वर्गीय राम शरण पासवान को श्रद्धांजलि देता हूँ, जिनका आर्शीवाद आज भी मेरे लिए प्रेरणा का स्रोत है।

इस पुस्तक को लिखने में मेरी धर्मपत्नी श्रीमती बंटी देवी, पुत्री श्रीमती मुस्कान कुमारी, दमाद श्री प्रमोद कुमार, पुत्र निखिल एवं अंकित तथा मेरी प्यारी नतिनी वैष्णवी एवं श्रेया का स्नेह रहा है।

पूर्णियाँ विश्वविद्यालय, पूर्णियाँ के माननीय कुलपति प्रो. (डॉ.) राज नाथ यादव, प्रो. (डॉ.) आर. के. पी. रमन, माननीय कुलपति बी.एन.मंडल विश्वविद्यालय, मधेपुरा एवं हमारे मित्र स्वरूप बड़े भाई प्रधानाचार्य, सब–डिविजनल गवर्नेमेंट डिग्री, धमदाहा प्रो. (डॉ.) सुधीर कुमार सुमन, पूर्णियाँ कॉलेज, पूर्णियाँ के प्रधानाचार्य डॉ. मो. कमाल, डॉ. सिकंदर प्रसाद यादव तथा अन्य सभी मित्रों के प्रति आभार व्यक्त करता हूँ, जिन्होंने प्रत्यक्ष या अप्रत्यक्ष रूप से मेरा उत्साहवर्धन किया है। साथ ही श्री परमानन्द राय, श्री सुरज कुमार एवं श्री श्यामल किशोर जी को उनके सहयोग के लिए विशेष रूप से धन्यवाद देता हूँ।

मैं सीमांत कृषक का पुत्र रहा हूँ इसलिए किसान और कृषक से मेरा गहरा संबंध है। प्रस्तुत पुस्तक को भी मेरे इसी सामाजिक पृष्ठभूमि के परिपेक्ष्य में देखा जा सकता है।

मुझे आशा है कि यह पुस्तक छात्र-छात्रों एवं शिक्षकों के लिए उपयोगी सिद्ध होगी। मैं छात्र-छात्रों एवं शिक्षक बंधुओं के सुझाव का स्वागत करता हूँ तथा उसके अनुरूप पुस्तक को और अधिक उपयोगी बनाने का प्रयास करूँगा।

अनुक्रमणिका

कृषि आधारित उद्योग

कोशी का पूर्णियाँ जिला बिहार के पूर्वोत्तर भाग में 25.240 से 26.70 उत्तर अक्षांश और 86.500 से 88.530 पश्चिम देशांतर पर स्थित है। आज का बिहार एक ऐसा राज्य है जिसका मुख्य आधार कृषि है। कुछ वृहत उद्योग तथा लघु एवं कुटीर उद्योग राज्य में बचे हैं, वह बंद हैं या रूग्न या बंदी के कगार पर हैं। ऐसी स्थिति में कृषि आधारित उद्योगों का विकास काफी अधिक महत्व रखता है जिसकी अपार संभावनाएँ कोशी के पूर्णियाँ जिले में विद्यमान हैं। कोशी के पूर्णियाँ जिले की अति उर्वर भूमि है, यहां भिन्न-भिन्न तरह के खाद्य फसल, फूल, फल, मसाले, व्यवसायिक फसल, चाय, सब्जियाँ उगाई जाती हैं इसलिए कृषि आधारित उद्योगों जैसे चीनी, जूट, कागज़, सिल्क खाद्य प्रसंस्करण, दुग्ध एवं चमड़ा उद्योग इत्यादि के विकास एवं विस्तार की भारी संभावनाएँ मौजूद हैं।

मखाना प्रसंस्करण– राज्य में तथा पूर्णियाँ जिला में मखाना की खेती हो रही है। बिहार में मखाना का वार्षिक मूल्य 500 करोड़ रुपये का होता है। यदि इसका प्रसंस्करण, कर दिया जाए तो इसका मूल्य 2000 करोड़ रुपया हो जायेगा। पूर्णियाँ जिले में केवल जलालगढ़ प्रखण्ड में 100 से अधिक किसान मखाना से जुड़े हैं। इस संबंध में पूर्णियाँ के किसान दिनेश चौहान एवं मो० मुस्तफा ने बताया कि मखाना की खेती के लिए जलकर आदि समतल होता तो पैदावार अधिक होती। श्री चौहान ने बताया कि एक एकड़ जलकर मखाना की खेती से 10 से 12 हज़ार रुपये की आमदनी होती है। एक एकड़ में 5 से 6 क्वींटल दाना (गुडिया) की प्राप्ति होती है। जिस वर्ष मखाना विदेश जाता है उस वर्ष इस व्यवसाय से लगें लोगें को कीमत अच्छी मिलती है। अगर मखाना की खेती के तौर-तरीके पर सही प्रशिक्षण किसानों को दिया जाय साथ ही बैंक से ऋण की व्यवस्था हो तो पैदावार में काफी इजाफा होगा। इस प्रकार इसका प्रसंस्करण करके अच्छी आमदनी अर्जित की जा सकती है। मखाना की भरपूर संभावनाएँ पूर्णियाँ जिले में मौजूद हैं।

जूट उद्योग– पूर्णियाँ जिला में जूट उद्योग की भारी संभावनाएँ मौजूद हैं। बिहार राज्य की प्रमुख नकदी फसल है। बिहार राज्य के पाट उत्पादन का लगभग 15 प्रतिशत अंश पूर्णियाँ जिला से प्राप्त होता है। इसकी खेती के लिए अम्लीय, चूना से उदासीन भूमि हो, हल्की दोमट एवं बलुई दोमट मिट्टी पूर्णियाँ जिला में पायी जाती है। पाट के लिए 20 से 30 डिग्री तक का तापमान आवश्यक होता है और बादल वाला मौसम अनुकूल होता है। पूर्णियाँ जिला में जूट उत्पादन के लिए मौसम अनुकूल है। पूर्णियाँ जिला में पाट की खेती

योग्य भूमि काफी है। पूर्णियाँ में 508573.36 एकड़ भूमि कृषि योग्य है। जिसमें 143722.00 एकड़ भूमि में पाट की खेती होती है। परंतु प्रमाणिक बीज की अनुपलव्धता, विकसित तकनीक की जानकारी का अभाव तथा मार्ग-दर्शन की कमी के कारण उच्च कोटी की पैदावार नहीं हो पाती है। पाट के वैज्ञानिक तरीके के प्रसंस्करण न हो पाने के कारण तैयार पाट की गुणवत्ता में कमी आ जाती है, फलस्वरूप किसानों को यथोचित लाभ नहीं मिल पाता है। उपरोक्त बातों को ध्यान में रखकर राष्ट्रीय सम विकास योजना के तहत पाट उत्पादन एवं प्रसंस्करण विषय पर पूर्णियाँ जिला के कृषकों के लिए समुचित प्रशिक्षण की व्यवस्था की गई है। पूर्णियाँ जिला में मल्टीपर्पस जूट पार्क की स्थापना की घोषणा की गई है। बियडा ने इस परियोजना के लिए आवश्यक 44.5 एकड़ भूमि का आवंटन कर दिया है। इसकी स्थापना पर 150 करोड़ रुपये की लागत आएगी। जूट पार्क के अलावा पूर्णियाँ के गुलाबबाग में जूट यार्ड की भी स्थापना की जायेगी। इस प्रकार हम कह सकते हैं कि उपर्युक्त बातों को ध्यान में रखकर खेती की जाए तो पूर्णियाँ जिला में इसकी काफी संभावनाएँ मौजूद हैं।

मांस एवं कुक्कुट प्रसंस्करण उद्योग– पूर्णियाँ जिला में गाय, भैंस, भैंसा, बकरी, भेड़ एवं मुर्गीपालन किसानों द्वारा किया जाता है। इस उद्योग की काफी संभावनाएँ पूर्णियाँ में मौजूद हैं। लेकिन यह उद्योग आज भी उपेक्षित है। इसके आधुनिकीकरण नहीं होने के कारण मांस एवं चमड़े की बर्बादी होती है। पूर्णियाँ जिला में एक भी बूचड़खाने की स्थापना और आधुनिकीकरण नहीं होने से मांस की भयंकर बर्बादी, मांस में अशुद्धि, वध किये जाने वाले पशुओं के प्रति क्रूरता एवं चमड़े फटने से उद्यमी को हानी उठानी पड़ती है। इसका प्रभाव निर्यात पर भी पड़ता है। अगर उपरोक्त बातों को ध्यान में रखा जाए और इसका निदान किया जाए तो इसकी काफी संभावनाएँ मौजूद हैं।

आम केला अन्नानास, पानीफल सिंघाड़ा, लीची इत्यादि का उत्पादन पूर्णियाँ जिला में काफी होता है। इसका प्रसंस्करण करके इनसे अच्छी आमदनी प्राप्त की जा सकती है। इसकी काफी संभावनाएँ मौजूद है।

जिले में आलू, शकरकंद, अमरोट इत्यादि का उत्पादन होता है। पूर्णियाँ में फलों तथा सब्जियों का उत्पादन अच्छा होता है। सब्जियों में आलू, प्याज, बैंगन, पत्तागोभी, फूलगोभी, टमाटर प्रमुख हैं, लेकिन इसका प्रसंस्करण नहीं हो पाता है। इनकी प्रसंस्करण इकाईयाँ खोली जा सकती हैं। फलों में जूस, मधूर पेय, टमाटर से चटनी फूलों से इत्र, सुगंधित तेल इत्यादि निर्माण की प्रसंस्करण इकाईयाँ खोली जा सकती हैं। इसकी काफी संभावनाएँ पूर्णियाँ जिला में मौजूद हैं। कोल्ड स्टोरेज एवं शीतघरों के निर्माण की आवश्यकता है।

मकई आधारित उद्योग- मकई से स्टार्च, ग्लूकोज, कार्न, फ्लेक्स, खाने का तेल, मुर्गी के चारे एवं कुरकुरे समेत दर्जनों तरह की सामग्रियाँ बनाई जाती हैं। विदेशों में इसे वाहनों के ईंधन के रूप में भी इस्तेमाल किया जाता है।

पूर्णियाँ जिला में 41918.4 हेक्टेयर भूमि में मकई की खेती की जाती है। खेती में लगी बलियाँ जब पीला दाना बनकर तैयार होती हैं तो सोने से कम चिकनी नहीं होती है। कोशी इलाके में मक्का की खेती ने जबर्दस्त चमक बिखेरी है। किसानों की मेहनत रंग लाई है और आज यहां से करीब 6 लाख टन मक्का दूसरे देश में भेजा जा रहा है। मक्का का कोटीवार लगभग चार अरब से अधिक पहुंच गया है। पूर्णियाँ का गुलाबबाग मकई की बड़ी मंडी है। यहां से पंजाब, हरियाणाा, रूद्रपुर, विजयनगर, दिल्ली, पं० बंगाल, उत्तर प्रदेश और झारखंड में ट्रकों से मकई जाता है। कोलकाता से बंगलादेश भेजा जाता है। यहां से मकई अर्जेन्टीना और मलेशिया तक भेजा जाता है। भंडारण और मार्केटिंग में राज्य और केन्द्र सरकार थोड़ी सी दिलचस्पी ले तो मक्का इस कोशी एवं पूर्णियाँ की तस्वीर बदल सकता है। इतनी बड़ी मात्रा में मक्का की पैदावार को देखते हुए इस क्षेत्र में मकई आधारित उद्योग के विकास की आपार संभावनाएँ हैं लेकिन आज तक यहां एक भी प्रोसेसिंग यूनिट नहीं लगी है।

दुग्ध उत्पादन उद्योग- श्वेत क्रांति से देश में हालांकि लोगों को प्रतिव्यक्ति दूध की उपलब्धता बढ़ी है। लेकिन दुग्ध-उत्पादकों की प्रोसेसिंग और मार्केटिंग के मोर्चे पर सरकार चूक रही है। इसका परिणाम है कि दुनियां में सबसे ज्यादा दूध पैदा करने के बावजूद हाल के वर्षों में डेयरी क्षेत्र का योगदान गिर गया है। दुग्ध उत्पादकों की आय में इजाफा नहीं हो रहा है। डर यह है कि अगर स्थिति नहीं सुधरी तो श्वेत क्रांति खतरें में पड़ सकती है। कोशी क्षेत्र के पूर्णियाँ जिला में दुग्ध उत्पादन की भी आपार संभावनाएँ हैं। दूध देने वाले मवेशियों की संख्या काफी अधिक है। दूध से पेड़ा, दही, रसगुल्ला, ठंडा पेय, घी, मक्खन, पनीर, इत्यादि का निर्माण हो रहा है। प्रसंस्करण इकाईयों के मध्य से चीज़-पनीर इत्यादि का उत्पादन बढ़ाया जा सकता है। इसके साथ ही साथ जानवरों के खाल या चमड़ों से चमड़ा उद्योग के विकास की भी भारी संभावनाएँ हैं। जूता, चप्पल, बेग, बेल्ट इत्यादि के निर्माण के लिए इकाईयाँ खोली जा सकती हैं।

मत्स्य उत्पादन उद्योग- कोशी एवं पूर्णियाँ जिला में मत्स्यपालन की काफी संभावनाएँ मौजूद हैं। मछली भले ही कभी मिथिला की पहचान रही हो पर आज वह पूर्णियाँ की जीवनशैली में शामिल हो

गई है। उपलब्ध जल संसाधनों का सही तरीके से इस्तेमाल किया जाय तथा इसके उत्पादन में नयी तकनीक प्रयोग की जाये तो भारी मात्रा में मछली का उत्पादन पूर्णियाँ में किया जा सकता है। आंकड़े बताते हैं कि इस उद्योग में 2800 लोगों को सीधा रोजगार मिला हुआ है। जबकि लगभग 15 से 20 लोगों का परिवार मत्स्यपालन के जरिये चलता है। पूर्णियाँ जिला में मछली की औसत खपत 30 से 35 हज़ार क्विंटल प्रतिमाह जबकि विभिन्न जलकरों, पोखरों एवं अन्य जल स्रोतों से औसतन 50 से 50 क्विंटल मछली का औसत उत्पादन हुआ करता है। हालांकि सरकारी जलकरों की संख्या यहाँ 800 है जिसमें 200 मृतप्रायः हैं किन्तु निजी जलकरों की संख्या 2000 से अधिक है। जबकि 2343.56 हेक्टेयर जल क्षेत्र में मछली का उत्पादन किया जा सकता है। विभागीय जानकारों की माने तो मत्स्यपालन के जरिये यहां रहने वाले गरीबों की जीवन बदला जा सकता है।

इसके साथ ही साथ कोशी एवं पूर्णियाँ जिला में गुड़ एवं खांडसारी उद्योग, चीनी उद्योग, लाह उद्योग, कागज़ एवं लुग्दी उद्योग, कंबल, कालीन, दरी उद्योग, रेशम उद्योग, खादी उद्योग, हस्त शिल्प उद्योग, मसाला उद्योग, रस्सी निर्माण उद्योग, तम्बाकु उद्योग, तेल, दलहन, एवं कृषि आधारित उद्योगों के भारी संभावनाएँ मौजूद है जिन्हें विकसित करने की आवश्यतकता है।

चुनौतियाँ– कोशी एवं पूर्णियाँ जिला में कृषि से सम्बद्ध उद्योगों की विकास की काफी संभावनाएँ मौजूद हैं लेकिन उसके सामने कुछ प्रमुख चुनौतियाँ हैंः–

वित्त– सरकार/निगम तथा व्यवसायिक बैंक द्वारा जो वित्त उपलब्ध कराया जा रहा है वह आवश्यकता से बहुत कम है। सरकार के लाख प्रयास के बावजूद व्यवसायिक बैंक ऋण देने में आनाकानी करते हैं तथा समय पर ऋण किसानों एवं उद्यमियों को उपलब्ध नहीं हो पाता है। व्यवसायिक बैंक तथा अन्य विशिष्ट वित्तीय संस्थाओं को पूँजी उपलब्ध कराने में साकारात्मक एवं विकास प्रोत्साहक भूमिका अदा करने की ज़रूरत है न कि अति सुरक्षा प्रेरित दृष्टिकोण इसमें बदलाव लाए बिना विकास की गति प्रदान करना संभव नहीं है। कृषि साख का प्रभाव भी बहुत कम है। सरकार के लाख प्रयास के बावजूद कोशी क्षेत्र के पूर्णियाँ जिले में लूट-पाट, अपहरण, डकैती, रंगदारी एवं उग्रवादी संगठनों का प्रभाव है। उग्रवादी उद्यमियों से चुंगी वसूलते हैं। निजी उद्यमी आज भी पूंजी लगाने में डरते हैं। विधि व्यवस्था भी एक प्रमुख चुनौती है। इसके साथ ही साथ मूलभूत सुविधाओं सड़क, बिजली, विपणन, पूंजी, उपलब्धता, पैकेजिंग, संचयन का बंदोबस्त आदि का आज भी अभाव है।

सरकार किसानों एवं उद्यमियों को बिजली मुहैया कराने का वादा कर रही है। लेकिन बिहार में और पूर्णियाँ ऊर्जा एवं शक्ति के साधन की स्थिति दयनीय है। राज्य/पूर्णियाँ बिजली संकट एवं ऊर्जा की किल्लत झेल रहा है। बिजली उपलब्ध कराना सबसे बड़ी चुनौती बनी हुई है। सरकार द्वारा विपणन की व्यवस्था की गयी है वह अपर्याप्त है। उनकी वस्तुओं के बिक्री के लिए कोई संगठित बाजार नहीं है। इससे उचित मूल्य नहीं मिल पाता है। सरकार द्वारा श्रमिकों के लिए प्रशिक्षण की व्यवस्था की गई है वह भी अपर्याप्त है। आज भी श्रमिक अप्रशिक्षित है। प्रत्येक सरकार द्वारा भ्रष्टाचार पर रोक लगाने की बात कही जाती है लेकिन भ्रष्टाचार दिन दूना रात चौगुना की तरह बढ़ रहा है। सार्वजनिक साधनों की लूट का माहौल बन गया है। घूस-लूट-खसोट की संस्कृति बन गयी है। भ्रष्टाचार पर अंकुश लगाना मुश्किल हो गया है। कृषि से सम्बद्ध उद्योगों के पास पैसा, सरकारी प्रयास पहुँच नहीं पा रहा है। कोशी क्षेत्र में बाढ़ की समस्या सबसे बड़ी चुनौती बनी हुई है। बाढ़ से प्रत्येक वर्ष भारी जान-माल एवं कृषि की क्षति होती है। सरकार का प्रयास नाकाम है। अगर सरकार इन चुनौती का सामना सही ढंग से करने में सफल हो जाती है तो कोशी एवं पूर्णियाँ जिला में कृषि से सम्बद्ध उद्योगों के विकास की भारी संभावनाएँ मौजूद हैं।

कृषि आधारित उद्योगः
स्थिति, समस्या एवं समाधान

'भारतीय कृषि केवल पेशा-मात्र ही नहीं है, वरन् यह एक जीने का ढंग है जिसने लाखों के विचार एवं दृष्टिकोण को प्रभावित किया है।'

–Fiscal Commission

ब्रिटिश शासन के पूर्व बिहार में कृषि आधारित उद्योग का महत्त्वपूर्ण स्थान था। बिहार का रेशम एवं सिल्क उद्योग भारत में ही नहीं बल्कि पूरे विश्व में प्रसिद्ध था। ब्रिटिश शासन के दोषपूर्ण, भेदभाव नीति के कारण कृषि आधारित उद्योगों का पतन होने लगा। लेकिन बाद में 1850 ई० में रेलवे की स्थापना के साथ फिर से उद्योगों का विकास शुरू होने लगा। 1840 ई० में बिहार के बेतिया में चीनी मिल डचों द्वारा प्रारंभ किया गया था। उसी काल में बगान उद्योग का भी विकास हो चुका था। चाय उद्योग, कहवा और कॉफी उद्योग का विकास किया गया। लाह उद्योग, कंबल, कालीन एवं दरी उद्योग का विकास भी हो चुका था। परंतु बिहार में एक कृषि प्रधान प्रांत होने के कारण जितना कृषि आधारित उद्योगों का विकास होना चाहिए था, ब्रिटिश शासन में नहीं हुआ क्योंकि ब्रिटिश सरकार उन उद्योगों को नष्ट करना चाहती थी। यहाँ से कच्चा माल ब्रिटेन जाता था तथा उसे निर्माण करके भारत के बाजारों में बेचा जाता था जिससे किसानों को कच्चा माल का उचित मूल्य नहीं मिल पाता था। 2000 ई० में बिहार से झारखण्ड को अलग होने के बाद आज बिहार एक ऐसा राज्य है जिसका मुख्य आधार कृषि है। कुछ वृहद उद्योग तथा लघु एवं कुटीर उद्योग राज्य में बचे हैं, उसमें अधिकांश की स्थिति दयनीय है, वे बंद है, रूग्णी या बंदी के कगार पर हैं। ऐसी स्थिति में कृषि आधारित उद्योग एवं विकास खाद्य प्रसंस्करण उद्योग का विकास काफी अधिक महत्त्व रखता है। गरीबी उन्मूलन एवं रोजगार सृजन की दृष्टि से ऐसे उद्योगों का खास महत्त्व है, जिसकी आपार संभावनाएँ बिहार में विद्यमान है। बिहार में अति उर्वर भूमि है, यहाँ भिन्न-भिन्न तरह के खाद्य फसल, फल-फूल, मसाले, व्यवसायिक फसल चाय सब्जियाँ उगाई जाती हैं। इसलिए कृषि आधारित उद्योगों खाद्य प्रसंस्करण उद्योगों एवं अन्य वैसी इकाईयों के विकास की पूर्ण संभावना मौजूद है।

'बिहार सरकार ने अपने कृषि रोड मैप में खेती पर आधारित उद्योगों को बढ़ावा देने की बात कही है। इसे जमीन पर उतराने की कड़ी में फूड प्रोसेसिंग के प्रोजेक्ट स्थापित करने की लिए समझौते हुए हैं। प्रोजेक्ट पर 129.77 करोड़ रुपये का निवेश होगा।

इसके अलावे 6 अन्य परियोजना प्रस्तावों पर भी सैद्धांतिक सहमति दी गयी है। समझौते पर अलग-अलग परियोजना प्रतिनिधियों व राज्य सरकार के खाद्य प्रसंस्करण निदेशालय के निदेशक के संयुक्त हस्ताक्षर किये। इस मौके पर उद्योग मंत्री श्री बिजेन्द्र प्रसाद यादव ने कहा कि बिहार में कृषि आधारित उद्योगों की असीम संभावनाएँ हैं।[1]

'कृषि आधारित खाद्य प्रसंस्करण उद्योग को बढ़ावा देने के लिए मुख्यमंत्री नीतीश कुमार की अध्यक्षता में सूचना भवन स्थित सभागार में उद्योगपति की एक बैठक हुई जिसमें फिक्की के सिक्रेटरी जनरल डॉ. अमित मिश्रा ने कहा कि बिहार में कृषि आधारित उद्योगों की अपार संभावनाएँ मौजूद है।[2]

बिहार की औद्योगिक संरचना

वर्ष 2012–13 में किए गए वार्षिक औद्योगिक सर्वेक्षण के अनुसार बिहार में 3,347 ईकाइयां थीं जबकि 2010–11 में उनकी संख्या 2,807 थी। इस प्रकार यह 19.2 प्रतिशत वृद्धि दर्शाता है। पूरे देश में वृद्धि दर अपेक्षाकृत कम 8.6 प्रतिशत थी। चालू कारखानों की बात की जाय, तो 2012–13 में बिहार में उनकी संख्या 2,946 थी जो कुल निबंधित कारखानों का 88.1 प्रतिशत है। पूरे देश में संबंधित अनुपात काफी कम 80.1 प्रतिशत था।[3]

बिहार में उद्योगों की संरचना

औद्योगिक समूह	कारखानों की संख्या		चालु कारखानों की संख्या		स्थिर पूंजी (करोड़ रू)		नियोजित व्यक्ति (संख्या)	
	भारत	बिहार	भारत	बिहार	भारत	बिहार	भारत	बिहार
खाद्य उत्पाद/ पेय/तंबाकू	40592	820	33627	702	164313	3055	2117725	26129
वस्त्र/परिधान	27743	28	19794	25	142912	40	2331619	3376
कागज़ एवं कागज़ उत्पाद/मुद्रण तथा अभिलेख माध्यम का पुनरुत्पादन/ प्रकाशनगति विधियाँ	11307	79	9100	71	60646	184	428041	2134

बिहार में कृषि आधारित उद्योगों की संभावनाएँ:-

बिहार में कृषि आधारित उद्योगों के विकास की पूर्ण संभावनाएँ मौजूद हैं:-

• **चीनी उद्योग**– कृषि आधारित उद्योगों में चीनी उद्योग का स्थान महत्वपूर्ण है। चीनी उद्योग बिहार का सबसे पुराना उद्योग है। पहला कारखाना 1840 ई० में बेतिया में डचों द्वारा स्थापित किया गया था। बिहार आर्थिक सर्वेक्षण 2015–16 के अनुसार राज्य में 09 चीनी मिल कार्यशील हैं। आजादी से पूर्व बिहार में 33 चीनी मिल थे जो देश का 40 प्रतिशत चीनी उत्पादित करते थे। 40 वर्ष बिहार राज्य को चीनी उत्पादन में भारत में दूसरा स्थान प्राप्त था। लेकिन उत्पादन में कमी आने के कारण उसका स्थान घटकर अब 7 वाँ रह गया है। वर्ष 2014–15 के पेराई मौसम के दौरान कुल 574.445 लाख टन ईख पेराई हुई थी और 52.67 लाख टन चीनी का उत्पादन हुआ था। चीनी का उत्पादन 2013–14 के स्तर से 11 प्रतिशत कम था। चीनी प्राप्ति की दर 2012–13 के 8.6 प्रतिशत से थोड़ा बढ़कर 2014–15 में 9.2 प्रतिशत हो गयी है। बिहार में चीनी उद्योग के प्रमुख केन्द्र डालमियानगर, मीरगंज, सिवान, बिहटा, बेतिया, छपरा, गुरारू, हरिनगरस, महराजगंज, समस्तीपुर, वारसलीगंज, लोहवट, मोतीपुर, हसनपुर, सासामुसा आदि। वर्तमान समय मात्र 28 में से 9 मिल कार्यशील हैं। शेष बंद एवं रूग्णावस्था में है। बिहार में इन्हें पुनजीर्वित कर उसके स्थिति ठीक करने की आवश्यकता है। बिहार में उसकी आपार संभावनाएँ मौजूद हैं। सरकार को इसके और प्रयास करने की आवश्यकता है, सरकार प्रयासरत भी है। राज्य चीनी निगम को जनवरी 2009 ई० में 60 वर्षों की लीज पर दी गई थी, लीज की अवधि को 30 वर्ष के लिए बढ़ाया भी जा सकता है।

• **गुड़ एवं खांडसारी उद्योग**– राज्य के प्रायः सभी स्थानों पर कुछ न कुछ गुड़ एवं खांड बनाने का कार्य होता है। राज्य के विभिन्न जिलों में गन्ने की खेती होती है, जिसके द्वारा गुड़ एवं खांड का निर्माण किया जाता है। राज्य में लाखों ताड़ एवं खजूर के पेड़ है, जिनमें ताड़ी निकाला जाता है साथ ही गुड़ बनाया जा सकता है। लाखों पासियों को इससे रोजगार प्राप्त है।[4]

• **वस्त्र उद्योग**– वस्त्र उद्योग के अन्तर्गत सामान्यतया सूती वस्त्र, ऊनी वस्त्र उद्योग, रेशमी वस्त्र उद्योग, कृत्रिम रेशा वस्त्र उद्योग आता है। बिहार में कच्चा माल प्रर्याप्त मात्रा में उपलब्ध है। बिहार में इसकी आपार संभावनाएँ मौजूद हैं। बिहार में सूती वस्त्र उद्योग गया और फुलवारीशरीफ में केन्द्रित है। ओबरा में बने दरी और कालीनों का विदेशों में निर्यात किया जाता है। इसके अतिरिक्त मुज्फ्फरपुर, मुंगेर, भागलपुर, किशनगंज, बिहारशरीफ और मधुबनी में है। सरकार को इन कृषि आधारित उद्योगों का विकास करने की आवश्यकता है।

• **रेशमी वस्त्र उद्योग**– रेशम एवं सिल्क उद्योग बिहार का एक प्रमुख उद्योग है। यह एक कृषि आधारित एवं श्रम-गहन उद्योग है। भारत में रेशम उत्पादन में बिहार का दूसरा स्थान है। भागलपुर एवं पूर्णियाँ इसके प्रमुख केन्द्र हैं। संथालपरगना, सिंहभूम, राँची, पलामू इत्यादि में भी रेशम उद्योग है, जो अब झारखण्ड के अंग हैं। इस उद्योग में कमजोर वर्ग के लोगों, खासकर महिलाओं को रोजगार प्राप्त है। ग्रामीण क्षेत्र में भी रेशम वस्त्र उद्योग रोजगार उत्पन्न करता है, जिसके कारण से शहरी क्षेत्र में प्रवास कम हो जाता है। बिहार में तीन किस्म के सिल्क तसर, एरी तथा मलबरी का उत्पादन होता है। तसर सिल्क उत्पादन में बिहार का पहला स्थान माना जाता है। मलबरी सिल्क का प्रमुख उद्योग केन्द्र पूर्णियाँ में स्थित है। बिहार में रेशम उद्योग के विकास की संभावनाएँ हैं, जिन्हें पूरी तरह विकसित करने की ज़रूरत है।

• **जूट उद्योग**– स्वतंत्रता प्राप्ति के पूर्व जूट उद्योग से भारी मात्रा में विदेशी मुद्रा अर्जित किया जाता था। लेकिन पाकिस्तान के अलग हो जाने के कारण स्थिति बदल गयी। वर्तमान समय में जूट उद्योग पश्चिम बंगाल और बिहार में केन्द्रित है। बिहार के पूर्णियाँ, कटिहार, सहरसा, दरभंगा के 1.5 लाख हेक्टेयर भूमि में 8.3 लाख टन जूट का उत्पादन होता है। इसके अतिरिक्त समस्तीपुर में भी जूट मिल की स्थापना हुई थी। बिहार में इसकी आपार संभावनाएँ मौजूद। विशेष रूप से पूर्णियाँ, कटिहार, सहरसा एवं दरभंगा में।

• **तंबाकू उद्योग**– बिहार में तंबाकू उद्योग की आपार संभावनाएँ मौजूद हैं। इसके खेती बिहार में पर्याप्त मात्रा में होती है। तंबाकू उद्योग प्रमुख रूप से पूर्णियाँ, सहरसा, दरभंगा, मुंगेर आदि स्थानों में है। बिहार में बीड़ी बनाने के 250 छोटे-बड़े उद्योग हैं। इन उद्योगों के स्थापित करके आय एवं रोजगार में वृद्धि की जा सकती है।

• **चावल और दाल मिलें**– बिहार कृषि प्रधान राज्य है। बिहार में 90 प्रतिशत लोग गाँव में निवास करते हैं तथा 76 प्रतिशत कृषि पर आधारित है। चावल और दाल मिलें की आपार संभावनाएँ मौजूद हैं। पूर्वी चंपारण सीतामढ़ी, मधुबनी, दरभंगा, अररिया, किशनगंज, रोहतास, गया, बक्सर आदि स्थानों पर चावल दाले की मिले हैं। चावल, दाल की और अधिक संख्या में खोलने की आवश्यकता है।

• **आटा चक्की मिल**– आटा चक्की मिलें की आपार संभावनाएँ मौजूद है। आवश्यकता उस बात की है कि इसे अधिक से अधिक संख्या में खोला जाय। बिहार में सतु, बेसन, आटा, मैदा, सूजी उद्योग काफी लोकप्रिय और लाभप्रद है। पटना और गया में सबसे अधिक आटा चक्की मिले हैं।

• **तेल मिल–** बिहार में तेल मिल की आपार संभावनाएँ मौजूद हैं। बिहार में लगभग 500 तेल मिलें हैं। बिहार में तीसी, राई, सरसों, रेंडी आदि तेलहन फसलें उगाई जाती हैं, जिन की पेराई करके तेल निकाला जाता है।

• **वनस्पति उद्योग–** वनस्पति उद्योग में डालमियानगर का प्रमुख स्थान है। इसकी उत्पादन क्षमता 18,500 टन है जो बिहार की आय का प्रमुख स्रोत है। इस उद्योग की संभावनाएँ मौजूद है।

• **कागज़ उद्योग–** बिहार में कागज़ बनाने के लिए कच्चा माल पर्याप्त मात्रा में उपलब्ध है। राज्य में बाँस, सबाई घास इत्यादि बहुतायत में उपलब्ध हैं तथा गन्ना का चपुआ कागज़ बनाने के काम में आ सकता है। लोगों को हाथ से कागज़ बनाने की शिक्षा देकर लाखों लोगों के आर्थिक स्थिति में सुधार लाया जा सकता है। 'यह उद्योग मुख्यः उ०प्र०, म०प्र०, बिहार, मुंबई, हैदराबाद, एवं कश्मीर में केन्द्रित है। इसकी संभावनाएँ बिहार में आपार हैं।'[5]

• **अण्डी उद्योग–** बेगूसराय जिले में अण्डी रेशम का उत्पादन होता है। वर्तमान में 1373 परिवार इस उद्योग से जुड़े हैं। वर्ष 2018–19 में 8.73 मि. टन. अण्डी सूत का उत्पादन हुआ है। मुजफ्फरपुर जिले में 105 व्यक्तियों को अण्डी की खेती एवं कीटपालन का प्रशिक्षण दिया गया है। उन्हें कीटपालन घर बनाने के लिए दो किस्तों में 70,000 हज़ार रुपये की सहायता प्रत्येक लाभुकों को दी गई है। सभी लाभुकों को कीटपालन उपस्कर उपलब्ध कराया गया है। वर्ष 2019–20 में 200 लाभुकों को 15 दिन का अण्डी रेशम कीटपालन प्रशिक्षण दिया गया है। अण्डी उद्योग की निकट भविष्य में रोजगार की आपार संभावनाएँ हैं।[6]

• **रबर उद्योग–** इसकी संभावनाएँ मौजूद हैं। बिहार में आरा जिला 1971 में अलका रबर कारखाना स्थापित किया गया था। इसकी और कारखानें खोलने की आवश्यकता है।

• **चाय उद्योग–** चाय उद्योग की आपार संभावनाएँ मौजूद हैं। 1990 के दशक में बिहार में कृषि आधारित उद्योगों के रूप में उभरा है। राज्य में 25,000 से भी अधिक जमीन पर चाय जिसमें 2300 टन चाय का वार्षिक उत्पादन की खेती हो रही है। किशनगंज में सात चाय प्रसंस्करण मौजूद है।

निष्कर्ष के तौर पर कहा जा सकता है कि बिहार के पूर्णियाँ जिले में कृषि आधारित उद्योग के लिए भरपूर संभावनाएँ मौजूद हैं, उनके विदोहन एवं शोषण की ज़रूरत है। राज्य में अनेक तरह की फसलें, फल, जड़ी-बूटी, सुगंधित एवं औषधीय पौधे, सब्जियाँ, व्यवसायिक फसल, मसाले मिर्चा, लीची, आम, केला, चाय, ईख इत्यादि उगाई जाती है। इससे संबंधित उद्योग चीनी, जूट, कागज़,

कपड़ा, सिल्क, रेशमी वस्त्र उद्योग, तंबाकू उद्योग, चावल, और दाल मिल, आटा चक्की मिल, तेल मिल, वनस्पति उद्योग, लकड़ी उद्योग, कागज़ उद्योग, रबर उद्योग, प्लाईवुड उद्योग, चाय उद्योग, अन्य प्रमुख उद्योग काँच उद्योग रासायनिक खाद कारखाना, चमड़ा उद्योग, इत्यादि के विकास एवं विस्तार की भारी संभावनाएँ मौजूद हैं। सरकार एवं निजी निवेश नहीं बढ़ा है बल्कि क्षेत्र का निवेश घटा है। राज्य में निवेश बढ़ाने के लिए राज्य में स्वस्थ्य परिवेश एवं माहौल बनाना अति आवश्यक है। विधि व्यवस्था में सुधार, सड़क, बिजली, विषपान, पूंजी की उपलब्धता पैकेजिंग, संचयन का बंदोबस्त करना निर्यात आवश्यक है। सामाजिक आर्थिक अवः संरचना के साथ-साथ शांति व्यवस्था, संपति एवं जान–माल की सुरक्षा प्रदान करने में राज्य की भूमिका अहम होगी, तभी निजी क्षेत्र द्वारा निवेश करने की गुंजाइश बनती है। साथ ही व्यवसायिक बैंकों तथा अन्य वित्तीय संस्थानों को पूंजी उपलब्ध कराने में सकारात्मक पहल करनी होगी। इससे कृषि आधारित उद्योगों का विस्तार का अवसर मिलेगा। कृषि अर्थव्यवस्था में बदलाव आएगा, रोजगार के अवसर उपलब्धत होंगे, आये बढ़ेगी तथा गरीबी दूर करने में सहायता मिलेगी। बिहार में कृषि उद्योगों का भविष्य उज्जवल प्रतीत होता है।

खाद्य प्रसंस्करण उद्योग और बिहार

'खाद्य प्रसंस्करण क्षेत्र का विकास ग्रामीण अर्थव्यवस्था को बदल सकता है।'
                                          –डॉ. मनमोहन सिंह

2000 ई० में बिहार से झारखण्ड के अलग होने के बाद बिहार में 76 प्रतिशत लोग कृषि पर आश्रित हैं तथा 90 प्रतिशत लोग गाँवों में रहते हैं। बिहार एक ऐसा राज्य है, जिसकी जीविका का मुख्य आधार कृषि है। कुछ वृहत उद्योग तथा लघु एवं कुटीर उद्योग राज्य में बचे हुए हैं। उनमें अधिकांश की स्थिति दयनीय है, वे बंद है या रूग्ण या बंदी के कगार पर है। ऐसी स्थिति में खाद्य प्रसंस्करण उद्योग का विकास काफी अधिक महत्त्व रखता है। गरीबी उन्मूलन एवं रोजगार सृजन की दृष्टि से ऐसे उद्योगों का खास महत्त्व है, जिसकी अपार संभावनाएँ बिहार में विद्यमान हैं। 'बिहार राज्य में अति उर्वर भूमि है, यहाँ भिन्न-भिन्न तरह के खाद्य फसल, फूल, फल, मसाले, व्यवसायिक फसल, चाय सब्जियाँ, उगाई जाती हैं तथा अण्डा, मच्छली, मांस, दूध आदि भरपूर मात्रा में उपलब्ध है। खाद्य प्रसंस्करण एवं अन्य वैसी इकाईयों के विकास की पूर्ण संभावनाएँ मौजूद हैं।'[1]

बिहार की सर्वांगीण प्रगति में कृषि का विकास एक निर्णायक एवं महत्त्वपूर्ण स्थान रखता है। 'कृषि कार्यकलापों के विविधकरण, कृषि उत्पादों के मूल्य वर्धन को और बढ़ावा देने तथा कृषि आधारित खाद्य उद्योगों के निर्यात संबर्द्धन के लिए खाद्य प्रसंस्करण क्षेत्र अत्यन्त ही अहम भूमिका निभाता है।'[2] भारत में खाद्य प्रसंस्करण उद्योग मंत्रालय की स्थापना जुलाई 1998 में किया गया, जिसका उद्देश्य भारत में खाद्य प्रसंस्करण उद्योग को बढ़ावा देना है। लेकिन फिर भी बिहार में खाद्य प्रसंस्करण उद्योग की स्थिति संतोषजनक नहीं है।

प्रसंस्करण क्षेत्र के अधीन कई क्षेत्र आते हैं जो निम्नवत है खाद्य प्रसंस्करण, मांस प्रसंस्करण, पॉल्ट्री प्रसंस्करण, अण्डा प्रसंस्करण, दूध और दूध उत्पाद प्रसंस्करण, मछली प्रसंस्करण, फल-सब्जी प्रसंस्करण, उपभोक्ता खाद्य उद्योग आदि। खाद्य प्रसंस्करण के क्षेत्र में बिहार, उत्तरप्रदेश, पश्चिम, बंगाल, राजस्थान, मध्य प्रदेश, पंजाब, आन्ध्र प्रदेश में पर्याप्त संभावनाएँ है। खासकर बिहार में खाद्य प्रसंस्करण के क्षेत्र में असीम संभावनाएँ हैं। वर्ष 2021 तक खाद्य प्रसंस्करण क्षेत्र में बिहार ब्रांड बन सकता है। खासकर मधू, मखाना, डेयरी और फल सब्जियाँ के प्रसंस्करण में 4743 करोड़ निवेश की

उम्मीद है। बिहार सरकार ने कृषि रोड मैप में खेती पर आधारित उद्योगों की कड़ी में फूड प्रोसेसिंग के 11 प्रोजेक्ट स्थापित करने के लिए समझौते हुए हैं। प्रोजेक्ट पर 129–77 करोड़ रुपये का निवेश होगा। इसके अलावे ६ अन्य परियोजना प्रस्तावों पर भी सैद्धांतिक सहमति दी गई है। समझौते पर अलग-अलग परियोजना प्रतिनिधियों व राज्य सरकार के खाद्य प्रसंस्करण निदेशालय के निदेशक ने संयुक्त हस्ताक्षर किये। इस मौके पर उद्योग मंत्री बिजेन्द्र प्रसाद यादव ने कहा कि बिहार में खाद्य प्रसंस्करण उद्योगों की भरपूर संभावनाएँ है।[३]

मांस प्रसंस्करण– हमारे बिहार में मांस एवं मांस उत्पादों की प्रगति निरंतर बढ़ती जा रही है। राज्य में पशुओं की संख्या बढ़ रही है। भैंसों, सुअरों, भेड़ों, बकरियों आदि के मांस उत्पादों में वृद्धि हो रही है। सरकार अगर मांस प्रसंस्करण इकाईयों को मदद करे तो बिहार में इसकी आपार संभावनाएँ मौजूद हैं। लेकिन यह उद्योग आज भी उपेक्षित है। इसके आधुनिकरण नहीं होने के कारण मांस एवं चमड़ा की बर्बादी होती है। बिहार में बुचड़खानों ने आधुनिकरण नहीं होने से मांस की भयंकर बर्बादी, मांस में अशुद्धि, वध किए जाने वाले पशुओं के प्रति क्रूरता एवं चमड़े फटने से उद्यमी को हानी होती है। इसका प्रभाव निर्यात पर भी पड़ता है। इससे बचने के लिए भारत सरकार राष्ट्रीय मांस एवं कुक्कुट प्रसंस्करण बोर्ड का गठन किया गया है। इस उद्योग की संभावनाओं को देखते हुए राज्य सरकार ने बिहार एवं पूर्णियाँ में गोस्ट्री फार्म खोलने की मंजूरी दी है। इसकी बिहार में अपार संभावनाएँ मौजूद हैं।

पॉल्ट्री एवं अण्डा प्रसंस्करण– इसकी प्रचुर संभावनाएँ बिहार में हैं। अण्डे, बायलरों की उपलब्धता में तेजी से वृद्धि हो रही है। यूरोप, जापान, और अन्य देशों में अण्डा उत्पादों की मांग बढ़ने से भारत में होल अण्डा पाउडर, एल्बूमिन पाउडर, जर्दी पाउडर इत्यादि से संबंधित अण्डा उत्पादों का निर्यात बढ़ने लगा है।

सारणी–01

वर्ष	अण्डा मिलियन	बायलर मिलियन	पॉल्ट्री (मांस हज़ार टन)
1994	27275	350	578
2004	43830	970	1039

देश व राज्य में पॉल्ट्री प्रसंस्करण अभी भी मुख्यतः असंगठित क्षेत्र में है। सरकार अगर इस क्षेत्र में विशेष ध्यान दें तो पॉल्ट्री प्रसंस्करण की आपार संभावनाएँ बिहार में मौजूद हैं।

फल तथा सब्जी प्रसंस्करण– बिहार राज्य में 2013–14 में कुल 290 हज़ार हे० जमीन फलों की और 778 हज़ार हे० जमीन सब्जियों के खेती के अंतर्गत थी। उत्पादन के लिहाजा से केला, आम, अमरूद, अनानास, पानी फल सिंघाड़ा प्रमुख फल है। वर्ष 2013–14 में कुल 31777 हज़ार टन फलों का उत्पादन हुआ था। वर्ष 2013–14 में फलों का कुल उत्पादन में केला का 38 प्रतिशत, आम का 34 प्रतिशत, अमरूद, लीची का 6 प्रतिशत हिस्सा था। वर्ष 2013–14 में राज्यों में सब्जियों का कुल उत्पादन 15629 हज़ार टन था। आलू 41 प्रतिशत, प्याज 8 प्रतिशत, टमाटर और फूलगोभी 7–7 प्रतिशत हिस्सा था। उपरोक्त फल, सब्जी का उत्पादन पर्याप्त मात्रा में होता है। उनका प्रसंस्करण करके अच्छी आमदनी भी प्राप्त की जा सकती है। इसकी काफी संभावनाएँ बिहार में मौजूद है। राज्य में आलू, शकरकन्द, अरारोट का उत्पादन होता है। जिसे कलफ वेतसार निर्माण के लिए उपयोग किया जा सकता है। आलू के चिप्स बनाकर भी अच्छी आमदनी प्राप्त किया जा सकता है। राज्य में फल, सब्जियों का प्रसंस्करण नहीं के बराबर होता है। इनका प्रसंस्करण इकाईयों खोली जा सकती है। फलों से जूस, मधुरपेय, टमाटर से चटनी, फलों से इत्र सुगंधित तेल इत्यादि निर्माण की प्रसंस्करण इकाई खोली जा सकती है। इसकी आपार संभावनाएँ बिहार में मौजूद हैं।[4]

बिहार में खाद्य प्रसंस्करण उद्योग की क्षेत्रवार संभावनाएँ विशेषकर चावल, गेहूँ, दाल के प्रसंस्करण और मिलिंग की पर्याप्त क्षमताएँ हैं–

सारणी-02
बिहार की प्रमुख फसलें एवं प्रमुख उत्पादक जिले

क्र0स0	फसल	राज्य के प्रमुख उत्पादक जिले
1	चावल	पूर्णियाँ, गया, मुंगेर, पटना, भागलपुर, मुजफ्फरपुर
2	गेहूँ	मुजफ्फरपुर, गया, सारण, मुंगेर, भोजपुर, सहरसा, चम्पारण, पूर्णियाँ
3	जौ	चम्पारण, दरभंगा, पूर्णियाँ, मुंगेर, गया, भागलपुर, सहरसा, सारण, मुजफ्फरपुर
4	चना	भागलपुर, गया, मुंगेर, पटना, भोजपुर
5	गन्ना	भोजपुर, चम्पारण, सारण, मुजफ्फरपुर, पूर्णियाँ, भागलपुर
6	जूट	सहरसा, पूर्णियाँ, मुजफ्फरपुर, दरभंगा, कटिहार
7	मक्का	पूर्णियाँ, कटिहार, अररिया

उपर्युक्त तालिका से स्पष्ट होता है कि बिहार में इन प्रमुख फसलों का उत्पादन होता है।

तालिका-03
खाद्य प्रसंस्करण इकाईयों की उपलब्धियाँ

परियोजना	इकाईयों की संख्या		वित्तीय प्रगति (लाख रु)		रोजगार (संख्या)
	कुल	व्यवसायिक उत्पादन वाली	स्वीकृत परियोजना व्यय	प्रगति के अनुरूप विमुक्त अनुदान	
चावल मिल	169	89	156409.60	12963.62	5745
गेहूं मिल	44	30	35060.15	4729.87	104
मक्का प्रसंस्करण	37	21	51053.51	3994.33	2281
ग्रामीण कृषि व्यापार केन्द्र	52	24	46468.78	6644.26	1572
फल एवं सब्जी प्रसंस्करण	16	7	10818.25	1297.89	168
दूध प्रसंस्करण	11	6	24241.58	1082.61	598
मखाना प्रसंस्करण	3	2	369.63	64.82	56
आहद प्रसंस्करण	2	2	224.14	69.80	32
बिस्कुट निर्माण	9	8	20875.95	2655.10	1906
खाद्य तेल निर्माण	10	8	50749.62	3174.67	2001
अन्य परियोजनाएं	24	13	28647.49	2105.38	1900
फूड पार्क	2	0	30980.40	150.00	28597
योग	370	210	445900.10	28932.35	44960

स्रोत-आर्थिक समीक्षा 2005–06

बिहार में खाद्य प्रसंस्करण उद्योगों की स्थिति तालिका 03 में प्रस्तुत है। मार्च 2014–15 के अंत में राज्य में 366 खाद्य प्रसंस्करण उद्योग थे जिनमें से 207 चालू थे। हालांकि (चावल, गेहूँ और मक्का) आधारित खाद्य प्रसंस्करण उद्योगों की संख्या सबसे अधिक है। इन खाद्य प्रसंस्करण इकाईयों में लगभग पन्द्रह हज़ार लोगों को रोजगार मिला हुआ है।

रोलर फ्लोरमिलिंग

चावल मिलिंग- चावल की भूसी से तेल, पशु पॉल्ट्री, चारा उद्योग और निर्यात हेतु बड़ी मात्रा में चावल की भूसी की खल्ली

प्राप्त होती है। दाल, मिलिंग की प्रचूर संभावनाएँ है। बिहार के कोशी इलाके में मक्का की खेती जबर्दस्त चमक बिखेर रही है। किसानों की मेहनत रंग लाई है और आज यहाँ से करीब 6 लाख टन मक्का दूसरे देश में भेजा जा रहा है। मक्का करोबार कोशी में चार अरब से अधिक है।

यहाँ से पंजाब, हरियाणा, रूद्रपुर, विजयनगर, दिल्ली, पश्चिम बंगाल, उत्तरप्रदेश एवं झारखण्ड में सप्लाई की जाती है। कलकत्ता से बांग्लादेश, विशाखापत्तनम और मुंबई के बंदरगाहों से पानी जहाज के जरिये मक्का अर्जेंटीना और मलेशिया में भेजा जाता है। मकई से स्टार्च, ग्लूकोज, कार्न, फ्लेक्स, खाने के तेल, मुर्गी चारे आदि सामाग्री बनायी जाती है। भंडारण, प्रसंस्करण और मार्केटिंग में राज्य थोड़ी दिलचस्पी ले तो मक्का बिहार और कोशी की तस्वीर बदल सकता है।

'इसकी विकास की संभावनाएँ को देखते हुए 100 से 150 किसानों को फूड प्रोसेसिंग की ट्रेनिंग देने के लिए 31 जुलाई को केन्द्र सरकार के विशेषज्ञ का दल भागलपुर आया था। मक्का से किसान लाभ उठा सकते है। पांच सहकारी समितियाँ को मिलाकर प्रोसेसिंग प्लांट लगाने की योजना है।'[5]

उपभोक्ता खाद्य प्रसंस्करण– बिहार में इसकी अपार संभावनाएँ हैं। 'इसमें पास्ता, ब्रेड, केक, रस्क, बन, रोल, नूडल्स, पैक, बिस्कुट, खनिज, शीतल पेय, बीयर, अल्कोहल पेय इत्यादि जो रोगजार, आय, एवं सभी दृष्टि से लाभदायक है।'[6]

डेयरी प्रसंस्करण– संगठित डेयरी उद्योग भारत में उत्पादित दूध की 15 से भी कम मात्रा में उत्पादन करता है। बाजार में डेयरी उत्पादों की मांग में प्रति वर्ष वृद्धि दर 20–30 प्रतिशत है। 'दूध एवं दूध उत्पादों के व्यापक एवं तेजी से बढ़ते बाजार को देखते हुए यह अनुमान लगाया गया है कि देश में डेयरी उत्पादों का बाजार 20 से 30 प्रतिशत प्रतिवर्ष से अधिक तेजी से बढ़ सकता है।'[7] सुधा दूध उत्पाद में बिहार देश में दूसरे स्थान पर है। इसलिए भारत में श्वेत क्रान्ति आई। श्वेत क्रान्ति से देश एवं बिहार में हालांकि लोगों को प्रति व्यक्ति दूध की उपलब्धता बढ़ी है। लेकिन दूध उत्पादकों की प्रोसेसिंग और मार्केटिंग के मोर्चे पर सरकार चूक रही है। इसका परिणाम यह है कि दुनियाँ में सबसे ज्यादा दूध पैदा करने के बावजूद हाल के वर्षों में जीडीपी और एसडीपी में डेयरी क्षेत्र का योगदान गिर गया है। उत्पादों की प्रोसेसिंग सिर्फ 9–5 प्रतिशत से ज्यादा नहीं हो पाती है। कृषि मंत्री शरद पावर ने कहा है कि 2021 तक दुग्ध उत्पादन 16–18 करोड़ टन तक पहुँचाया जायेगा। वर्ष 1951 में 132 ग्राम प्रतिव्यक्ति, प्रतिदिन उपलब्धता थी जो वर्ष 2007 में 246 ग्राम

तथा 2021 तक 290 ग्राम का लक्ष्य रखा गया है। जीडीपी में 1980–81 में 4–8 प्रतिशत योगदान था 2006–07 में 5–3 प्रतिशत हो गया। कैसे होता है दूध का इस्तेमाल लिक्विड रूप में 46 प्रतिशत, घी, पनीर, दही, के रूप में 50 प्रतिशत, पाउडर चीज़ आदि में 04 प्रतिशत।[8]

'बिहार में दूध उत्पादन की अपार संभावनाएँ हैं। दूध देने वाले मवेशियों की संख्या काफी अधिक है। दूध से पेड़ा, दही, रसगुल्ला, टंडा पेय, घी, मक्खन, पनीर, इत्यादि का निर्माण हो रहा है। प्रसंस्करण इकाईयों के माध्यम से चीज़ पनीर इत्यादि का उत्पादन प्रतिदिन होता है और अधिक उत्पादन की क्षमता वर्तमान में जानवरों की संख्या राज्य में करीब 600 लाख है। इस प्रकार डेयरी प्रसंस्करण की आपार संभावनाएँ मौजूद हैं।'[9]

निष्कर्ष के तौर पर कहा जा सकता है कि बिहार में खाद्य प्रसंस्करण उद्योग, बिहार से झारखण्ड के अलग हो जाने के बाद आज काफी प्रासांगिक हो गया है। इसके विकास की बिहार में आपार संभावनाएँ हैं। आज आवश्यकता इस बात की है कि इसका तेजी से प्रचार-प्रसार, अनुसंधान तथा सरकार की दृढ़ इच्छा शक्ति होनी चाहिए। यहाँ खाद्य प्रसंस्करण, फल सब्जी प्रसंस्करण, अण्डा प्रसंस्करण, मांस प्रसंस्करण को बढ़ावा देकर ही हम कृषि आधारित एवं ग्राम आधारित अर्थव्यवस्था को आगे बढ़ा सकेंगे। तीव्र गति से प्रगति कर कृषि पर से अतिरिक्त बोझ कम कर सकेंगे। बिहार जैसे पिछड़ी, गरीबी एवं कृषि प्रधान राज्य के लिए गरीबी का निवारण एवं रोजगार के नये अवसरों का सृजन कर बेरोजगारी की समस्या का समाधान कर सकेंगे और लोगों का जीवन स्तर, आय में सुधार लाकर अर्थव्यवस्था को संतुलित कर सकेंगे। इसमें महिलाओं के लिए सूक्ष्म उद्यमियों के रूप में उभरने की व्यापक संभावनाएँ हैं। खाद्य प्रसंस्करण उद्योग के माध्यम से किसानों को मदद की जा सकती है और खेती करने के बेहतर तरीके को बताया जा सकता है। ताकि उद्योगों को उच्च गुणवत्ता वाले कच्चे माल सुलभ हों और किसानों को अपनी उपज का वाजिब मूल्य मिल सके।

बिहार में चीनी उद्योग की स्थिति

चीनी उद्योग बिहार राज्य का सबसे पुराना उद्योग है। बिहार राज्य में चीनी का पहला कारखाना 1840 ई० में बेतिया में डचों द्वारा प्रारंभ किया गया था। बिहार आर्थिक सर्वेक्षण 2015.16 के अनुसार राज्य में 28 में से 09 चीनी मिलें कार्यशील हैं। बिहार राज्य चीनी निगम के तहत दो नए चीनी मिलें है, जिन्हें 2011 में लीज के आधार पर एच.पी.सी.एल. को सौंप दिया गया था। वर्ष 2014.15 के पेराई मौसम के दौरान कुल 574.445 लाख टन ईख की पेराई हुई और 52.67 लाख टन चीनी का उत्पादन हुआ। चीनी का उत्पादन 2013–14 के स्तर से 11 प्रतिशत कम है, चीनी प्राप्ति की दर 2012–13 के 8.6 प्रतिशत से थोड़ा बढ़कर 2014–15 में 9.2 प्रतिशत हो गई है। आजादी के पूर्व बिहार में ३३ चीनी मिलें थे, जो देश का 40 प्रतिशत चीनी उत्पादित करते थे। 40 वर्ष पूर्व बिहार राज्य को चीनी उत्पादन में दूसरा स्थान प्राप्त था। लेकिन उत्पादन में कमी आने के कारण इसका स्थान घटकर अब 7 वाँ रह गया है।

चीनी उद्योगों की काफी संभावनाएँ बिहार में मौजूद हैं। जो कि बिहार के मजदूरों के पलायन को कम कर सकती हैं। चीनी को निर्यात करके विदेशी मुद्रा भी अर्जित की जा सकती है। वहीं राज्य के आय का प्रमुख स्रोत भी है। यह शोध पत्र चीनी उद्योग की वर्तमान स्थिति, प्रमुख समस्याएँ एवं समस्याओं के निराकरण पर प्रकाश डालता है।

बिहार एक कृषि प्रधान राज्य है, जिसमें लगभग 90 प्रतिशत लोग कृषि पर निर्भर हैं। 2000 ई० में बिहार से झारखण्ड अलग होने के बाद औद्योगिक क्षेत्र में बिहार की स्थिति और भी गंभीर हो गयी हैं। सारे बड़े-बड़े उद्योग झारखण्ड में चले गये हैं। जिससे कृषि की स्थिति भी बहुत दयनीय हैं। इसलिए बिहार सरकार के द्वारा कृषि पर आधारित उद्योगों पर विशेष बल दिया जा रहा हैं। बिहार राज्य को देश में आधुनिक चीनी उद्योग विकसित करने का गौरव प्राप्त है। 40 वर्ष पूर्व बिहार राज्य को चीनी उत्पादन में उत्तर प्रदेश के बाद दूसरा स्थान प्राप्त था किन्तु कुछ वर्षों में उत्पादन में कमी आने के कारण इसका स्थान अब घटकर सातवाँ रह गया है।[1]

वर्तमान स्थिति- चीनी उद्योग बिहार राज्य का सबसे पुराना उद्योग है। बिहार राज्य में चीनी का प्रथम कारखाना 1840 ई० में बेतिया में डचों द्वारा प्रारंभ किया गया था। दानेदार चीनी निर्माण का पहला मिल 1900 में बिहार राज्य में स्थापित हुआ दूसरा उत्तर प्रदेश में, वर्तमान समय में भारत में चीनी उत्पादन हेतु बिहार में 28 चीनी मिले है।[2] हालांकि इसमें अधिकांश बंद हो चुकी हैं तथा कुछ बंद

होने के कगार पर हैं। जिन्हें पुनर्जीवित करके राज्य में चीनी उद्योग की स्थिति को बिहार सरकार द्वारा ठीक करने की कोशिश की जा रही है, सम्प्रति बिहार राज्य चीनी निगम की लोरिया और सुगौली इकाईयों, हिन्दुस्तान पेट्रोलियम कॉर्पोरेशन लिमिटेड को जनवरी 2009 में 60 वर्षों की लीज पर दी गयी थी। लीज की अवधि को 30 वर्षों के लिए बढ़ाया भी जा सकता है।

उद्योग के प्रमुख केन्द्र– बिहार में चीनी मिल समस्तीपुर, डालमियानगर, बनमनखी, पूर्णियाँ, मिरगंज, सिवान, मझौलिया, बिहटा, बेतिया, गोपालगंज, छपरा, गुरारू गया, महाराजगंज, हरिनगर, वारसलीगंज, लोहावट, मोतीपुर, हसनपुर, सासामुसा, आदि में भी मिलें स्थित हैं। सन् 2000 में राज्य के विभाजन के बाद वर्तमान बिहार में यह सबसे बड़ा उद्योग है।

बिहार आर्थिक सर्वेक्षण 2015–16 के अनुसार राज्य में 28 में 09 चीनी मिले कार्यशील हैं। बिहार राज्य चीनी निगम तहत दो नए चीनी मिलें हैं, जिन्हें 2011 में लीज के आधार पर एच.पी.सी.एल. को सौंप दिया गया था।

वर्ष 2014–2015 के पोराई मौसम के दौरान कुल 574–445 लाख टन ईख की पेरोई हुई है और 52.67 लाख टन चीनी का उत्पादन हुआ है। चीनी का उत्पादन 2013–14 के स्तर से 11 प्रतिशत कम है। चीनी प्राप्ति की दर 2012–13 के 8.6 प्रतिशत से थोड़ा बढ़कर 2014–15 में 9.2 प्रतिशत हो गई।[8]

वर्तमान समय में, बिहार में चीनी मिलें रूग्ण अवस्था एवं अधिकांश जर्जर हो चुकी हैं। आजादी से पूर्व बिहार में 33 चीनी मिलें थी जो देश का 40 प्रतिशत चीनी उत्पादित करते थे। 40 वर्ष पूर्व बिहार राज्य को चीनी उत्पादन में उत्तर प्रदेश के बाद दूसरा स्थान प्राप्त था। लेकिन उत्पादन में कमी आने के कारण इसका स्थान घटकर अब 7 वाँ स्थान रह गया हैं। बिहार में चीनी उद्योग के समान बहुत सारी समस्याएँ हैं, जिनके कारण लगातार चीनी उत्पादन कम हो रहा है।

चीनी उद्योग की प्रमुख समस्याएँ

बिहार में भारत के अन्य राज्यों की तुलना में गन्ने की प्रति एकड़ औसत उपज कम है। भारत में गन्ने की प्रति एकड़ औसत उपज 17 टन है। जबकि उत्तर प्रदेश और बिहार में गन्ने की प्रति एकड़ औसत उपज केवल 11 टन है। याद रहे कि इन दोनों राज्यों में देश के कुल उत्पादन का दो-तिहाई गन्ना इन दोनों राज्यों में उपजाया जाता है लेकिन इसकी प्रति एकड़ औसत उपज इन दोनों राज्यों में कम है। 'दूसरी और दक्षिण भारत में गन्ने की प्रति एकड़ औसत उपज अधिक है। जैसे गन्ने की प्रति एकड़ औसत उपज तमिलनाडु

में 58 टन, महाराष्ट्र 31 टन तथा आन्ध्र प्रदेश में 21 टन है।[4]

गन्ने का अभाव- बिहार में गन्ने का अभाव है। चीनी मिलों के सामने गन्ने के अभाव की समस्या मुख्य रूप से दो मिलों के बीच कम दूरी, गन्ने के प्रति हेक्टेयर कम उत्पादकता तथा गुड़ एवं खांडसारी बनाने के लिए गन्ने के प्रयोग के कारण और अभाव हो जाता है।

प्रतियोगिता- देश में गन्ने का प्रयोग सिर्फ चीनी उत्पादन के लिए नहीं होता बल्कि गुड़ एवं खांडसारी उत्पादन के लिए भी होता है। जब गुड़ तथा खांडसारी उद्योग में गन्ने का प्रयोग किया जाता है तो चीनी मिलों को पर्याप्त मात्रा में गन्ना उपलब्ध नहीं हो पाता है। दोनों उद्योगों में प्रतियोगिता के कारण चीनी उद्योग के सामने गन्ने के आभाव की समस्या उत्पन्न होती है।

चीनी का मूल्य अधिक होना- बिहार में चीनी का उत्पादन लागत अधिक होने के कारण चीनी का मूल्य बढ़ जाता है।

आधुनिकीकरण का आभाव- बिहार जैसे पिछड़े राज्य के कारखानों में यंत्रों तथा मशीनों का आधुनिकीकरण नहीं हो रहा है तथा उनमें उत्पादन के आधुनिक तरीकों का प्रयोग नहीं होता है। इसके फलस्वरूप चीनी का उत्पादन व्यय अधिक होता है जिसके कारण चीनी का मूल्य बढ़ जाता है।

गौण पदार्थों के समुचित उपयोग का अभाव- चीनी उद्योग के गौण पदार्थों तथा सिट्टी तथा छोआ का आर्थिक उपयोग नहीं हो पाता, जिसके कारण उत्पादन लागत अधिक होता है। सिट्टी का प्रयोग जलावन में कर दिया जाता है जबकि इसके द्वारा कागज़ उत्पादन, पैकिंग पेपर इत्यादि का निर्माण संभव है। उसी तरह छोआ का प्रयोग अल्कोहल निर्माण, उर्वरक इत्यादि के लिए किया जा सकता है।[5]

बंदी एवं रूग्णता की समस्या- बिहार के अधिकांश चीनी मिलें बंद हैं या बीमार हैं। बिमारी का कारण साधन की कमी के साथ-साथ पुराने जर्जर मशीन एवं प्लांट है। चीनी मिलों पर गन्ना उत्पादकों का बहुत अधिक बकाया है।

सरकारी नियंत्रण की समस्या- चीनी उद्योग पर सरकार का काफी नियंत्रण रहा है। जो इसके रास्ते में सबसे बड़ी बाधक है। चीनी के संस्थापित उत्पादन क्षमता में विस्तार के लिए लाइसेंस लेना जरूरी था। लेकिन 1998 से इसे मुक्त कर दिया गया है। अभी भी दोहरी मूल्य नियंत्रण नीति लागू है। वर्तमान समय में 85 प्रतिशत खुल्ले बाजार में बेचा जा सकता है। गन्ने का निम्नतम मूल्य भी केन्द्र एवं राज्य सरकार के द्वारा निर्धारित किया जाता है। इससे लाभ कम हो जाता है।

निराकरण/समाधान

1. गन्ने के प्रति एकड़ उपज बढ़ाकर– गन्ने के उपज बढ़ाने के लिए समुचित सिंचाई, उत्तम खाद एवं उन्नत बीज इत्यादि की व्यवस्था की जानी चाहिए। ताकि गन्ने की औसत उत्पादन प्रति एकड़ बढ़ाया जा सके।

2. चीनी के उच्चमूल्य की समस्या– उस समस्या के समाधान के लिए चीनी मिलों की कार्यकुशलता में सुधार लाना जरूरी है। इसके लिए आधुनिक यंत्रों एवं मशीनों का उपयोग, गौण पदार्थों का आर्थिक उपयोग तथा कालाबाजारी एवं अनुचित संग्रह पर नियंत्रण करने की आवश्यकता है।

3. बंद पड़ी मिलों को पुनः खोलकर तथा रूग्ण पड़ी मिलों का आधुनिकीकरण करके– इस समस्या को दूर करने के लिए चीनी मिलों के आधुनिकीकरण की आवश्यकता है। इसके लिए जरूरी है कि सरकार बीमार एवं बंद मिलों के पुनः संचालित करने के लिए ठोस प्रयास करें।

4. गौण पदार्थों के समुचित उपयोग करके– यदि सिट्टी तथा छोआ का आर्थिक एवं उत्पादिक प्रयोग किया जाए तो चीनी उत्पादन लागत में कमी आएगी तथा चीनी मिलों की आर्थिक स्थिति में सुधार होगा।

5. सरकारी नियंत्रण को कम करके– सरकार के नियंत्रण को समाप्त करने की आवश्यकता है। जिससे उत्पादक खुले बाजार में अपने उत्पादन को बेच सके तथा उचित मूल्य प्राप्त कर सकें। गरीबों के लिए भले ही सार्वजनिक वितरण प्रणाली द्वारा चीनी उपलब्ध कराया जाए लेकिन बाकि लोगों के लिए यह सुविधा समाप्त कर दी जानी चाहिए।

6. आधुनिकीकरण करके– चीनी मिलों को बहुत अधिक मात्रा में वित्त की आवश्यकता होती है। लेकिन चीनी मिलें स्वयं इतना अधिक वित्त एकत्र करने की स्थिति में नहीं है। अतः सरकार एवं राष्ट्रीय औद्योगिक विकास निगम (NIDC) को चाहिए कि वे चीनी मिलों के आधुनिकीकरण के लिए सहायता प्रदान करें।

बिहार सरकार को चीनी मिलों के विकास पर विशेष ध्यान देने की आवश्यकता है। कृषि आधारित उद्योगों हेतु पूंजी व्यवस्था करने व संसाधन जुटाने में सरकार द्वारा संचालित विभिन्न योजनाओं द्वारा अलग-अलग तरीके से सहारा दिया जा रहा है। चीनी उद्योग से प्रति इकाई पूंजी द्वारा अधिक लाभ तो कमाया ही जा सकता है। साथ ही यह उद्योग रोजगारपरक भी होते हैं।

बिहार में चीनी उद्योग की भरपूर संभावनाएँ मौजूद हैं, उनके विदोहन एवं शोषण की ज़रूरत है। सरकार एवं निजी क्षेत्र

द्वारा निवेश बढ़ाने की ज़रूरत है। बिहार में निवेश के लिए उद्यमी प्रोत्साहित हो, निवेश के लिए स्वास्थ्य परिवेश एवं माहौल बनाना अति आवश्यक है। विधि व्यवस्था में सुधार के साथ-साथ मुलभूत सुविधाओं सड़क, बिजली, विपणन, पूंजी उपलब्धता पैकेजिंग, संचयन का बंदोबस्त करना नितांत आवश्यक है। सामाजिक आर्थिक अधः संरचना के साथ-साथ शांति व्यवस्था, संपति एवं जान-माल की सुरक्षा प्रदान करने में राज्य की भूमिका अहम होगी, तभी निजी क्षेत्र द्वारा निवेश करने की गुंजाइश बनती है।

अगर बिहार को खुशहाल बनाना है तो चीनी मिलों को पुनः आधुनिकीकण करके बंद पड़े मिलों को खोलकर प्रतिबद्धता के साथ साकारात्मक दृष्टिकोण से काम करना होगा, राज्य की व्यवस्था, प्रशासनिक तंत्र एवं वित्तीय संस्थाओं को मिलकर काम करना तथा सहयोग देना होगा। बिहार में चीनी मिलों का भविष्य उज्ज्वल प्रतीत होता है।

बिहार में जूट उद्योगः चुनौती

समग्र बिहार में खनिज आधारित उद्योग का विकास तो कुछ हुआ लेकिन जूट उद्योग का पर्याप्त विकास नहीं हो सका। स्वतंत्रता प्राप्ति के पूर्व जूट उद्योग के मामलें में बिहार एक प्रमुख केन्द्र था लेकिन विभाजन के बाद अधिकांश क्षेत्र पाकिस्तान में चल गया। जूट उद्योग राज्य के आर्थिक विकास में महत्वपूर्ण भूमिका निभा रही है। जहाँ एक ओर यह राज्य के उत्पादन में वृद्धि, रोजगार का स्रोत एवं निर्यातों का आधार है। वहीं राज्य के आय का स्रोत भी है। यह शोध पत्र जूट उद्योग की वर्तमान स्थिति, प्रमुख समस्याएँ एवं निराकरण पर प्रकाश डालता है। स्वतंत्रता प्राप्ति के पूर्व जूट उद्योग के मामलें में भारत का स्थान विश्व में महत्त्वपूर्ण था। स्वतंत्रता प्राप्ति के बाद 1947 ई० में देश विभाजन का भी जूट उद्योग पर बहुत गहरा प्रभाव पड़ा। अविभाजित भारत की जूट की उत्पादन करने वाली भूमि का लगभग 71 प्रतिशत हिस्सा पूर्वी पाकिस्तान में चला गया जबकि जूट की अधिकांश मिलें भारत में रह गयीं। भारत और पाकिस्तान के बीच स्वतंत्रता प्राप्ति के बाद से ही दोनों में राजनीतिक मनमुटाव एवं युद्ध के कारण पाकिस्तान से कच्चा माल प्राप्त नहीं होता था। जिससे जूट उद्योग के सामने कच्चे माल की समस्या उत्पन्न हो गयी। लेकिन पंचवर्षीय योजनाओं में जूट उद्योग को प्रोत्साहन देने के लिए कच्चे जूट के उत्पादन में वृद्धि करने तथा जूट मिलों की वर्तमान क्षमता के पूरे उपयोग पर जोर दिया गया।

जूट उद्योग भारत का एक महत्वपूर्ण तथा पुराने उद्योगों में एक है। भारत में विदेशी मुद्रा अर्जित करने वाले उद्योगों में जूट उद्योग प्रमुख है। भारत में जूट उद्योग के 110 कारखाने थे, जो अधिकांश पश्चिम बंगाल और बिहार में केन्द्रित हैं।

बिहार जूट उत्पादन के दृष्टिकोण से देश में महत्वपूर्ण स्थान रखता है। बिहार में जूट उत्पादन का प्रमुख केन्द्र पूर्णियाँ, कटिहार, सहरसा और दरभंगा है। पूर्णियाँ, कटिहार, सहरसा और दरभंगा के 1.5 लाख हेक्टेयर भूमि में 8.3 लाख टन जूट का उत्पादन होता है। इसके अतिरिक्त समस्तीपुर में भी जूट मिल की स्थापना हुई थी। बिहार में जूट के 03 बड़े कारखाने पूर्णियाँ, कटिहार और दरभंगा में स्थित है। इनमें रामेश्वर जूट मिल्स, कटिहार तथा मोतिलाल जूट मिल दरभंगा विशेष रूप से उल्लेखनीय है। बिहार में जूट उद्योग किसानों की आय का प्रमुख साधन है। जूट उद्योग से लोगों पर्याप्त मात्रा में रोजगार मिलता है। लेकिन वर्तमान में सरकार की उदासीनता एवं पूंजी के अभाव में जूट उद्योग के सामने वित्त का संकट उत्पन्न हो गया है।

बिहार में इसकी भारी संभावनाएँ है। इसकी खेती के लिए अम्लीय चूना से उदासीन भूमि जो हल्की दोमट और बलुई दोमट मिट्टी सबसे उपयुक्त होती है। इस प्रकार की मिट्टी पूर्णियाँ जिला में पायी जाती है। इसकी खेती के लिए अच्छी वर्षा वाले क्षेत्र जहाँ मानसून के पूर्व दो तीन वर्षा हो जाय अच्छी होती है।"

मार्च से मई तक इसकी बुआई की जाती है। पाट के दो प्रजातियों की यहाँ खेती की जाती है। सोना पाट या तोता पाट या मीठा पाट या मुनियासी पाट भी कहा जाता है। पाट के लिए 20 से 30 डिग्री तक का तापमान आवश्यक होता है और बादल वाले मौसम अनुकूल होते हैं। बिहार के सिमांचल मिथिलांचल पाट की खेती योग भूमि है। लेकिन इसके सामने कुछ प्रमुख समस्या भी है।

जूट उद्योग की प्रमुख समस्याएँ

कच्चे माल का अभाव– जूट उद्योग के समक्ष सर्वप्रथम समस्या कच्चे जूट के अभाव की है। देश विभाजन के फलस्वरूप जूट के सभी कारखाने भारत में रह गये लेकिन जूट उत्पादन करने वाली भूमि का करीब 72 प्रतिशत भाग पाकिस्तान चला गया। (वर्तमान में बंगलादेश) इससे देश एवं बिहार में कच्चे जूट का अभाव उत्पन्न हो गया। जूट उत्पादकों को लाभकारी मूल्य प्राप्त नहीं होता है। जिससे कि जूट के उत्पादन में वृद्धि करने के लिए प्रोत्साहन नहीं मिलता है।

प्लांट तथा मशीन का आधुनिकीकरण– इस उद्योग के सामने दूसरी बड़ी समस्या पुराने जर्जर प्लांट एवं मशीनों की है, जिन्हें बदलकर नए आधुनिक मशीन लगाने की आवश्यकता है। पुरानी मशीनों के कारण उत्पादन भी कम होता है तथा लागत अधिक आती है। बिहार जैसे गरीब राज्य के लिए यह समस्या और भी गंभीर है। मिल मालिक लाभ अर्जित करने मात्र की चिंता करते हैं लेकिन आधुनिकीकरण की तकनीक पर चिन्ता नहीं करते हैं।

शक्ति की कमी– इस उद्योग के सामने शक्ति की गंभीर समस्या है। एक तो पर्याप्त मात्रा में शक्ति नहीं मिल पाती है। साथ ही उसकी आपूर्ति एकाएक बंद होने से उत्पादन पर बुरा असर होता है तथा लागत बढ़ जाती है।

रूग्ण मिलों की समस्या– बिहार में कई उद्योग बंद पड़े हैं, जिसके कारण बेकारी की गंभीर समस्या उत्पन्न हो गई है। साथ ही साथ उत्पादन पर बुरा असर होता है तथा लागत बढ़ जाती है।

विदेशी से प्रतियोगिता तथा स्थानापन्न वस्तुओं का प्रादुर्भाव– कुछ वर्षों पूर्व भारत को जूट के उत्पादन एवं निर्यात में विश्व में एकाधिकार प्राप्त था। लेकिन बाद में भारत को विदेशी प्रतियोगिता खासकर पाकिस्तान एवं बंगलादेश से प्रतियोगिता का सामना करना पड़ रहा है। भारत जूट की बढ़ती हुई कीमतों के कारण विदेशों में

इसकी स्थानापन्न वस्तुओं का निर्माण का भी प्रयत्न किया गया है। उदाहरण के लिए, फिलीपन वेस्ट इंडीज, पूर्वी अफ्रिका, मेकिसकों, न्यूजीलैंड, ब्रांजील आदि देशों में कुछ पौधों के रेशों से जूट की स्थानापन्न वस्तुओं का निर्माण होता है। संयुक्त राज्य अमेरिका में जूट के थैलों की जगह कागज़ के थैलों का प्रयोग किये जाते है। इस प्रकार जूट उद्योग के समक्ष विदेशी स्थानापन्न वस्तुओं की प्रतियोगिता की समस्या है।

उद्योग में अत्याधिक सट्टेबाजी की समस्या– जूट उद्योग में सट्टेबाजी की भी समस्या वर्तमान है। सट्टेबाजी के कारण जूट के मूल्यों में उतार-चढ़ाव होता रहता है जो उद्योग की प्रगति में बहुत बड़ा बाधक है। इससे जूट निर्यात में भी कमी आती है।

बढ़ती लागत एवं कम लाभ की समस्या– इस उद्योग के विकास के रास्ते में बढ़ती हुई लागत तथा कम होते लाभ की समस्या है। मजदूरी दरों में वृद्धि, बिजली तथा अन्य सामानों के मूल्यों में वृद्धि, पुराने मशीन एवं प्लांट के कारण यहाँ उत्पादन व्यय बढ़ा है जबकि वस्तुओं की कीमत में उस अनुपात में वृद्धि नहीं हुई है, जिसके कारण लाभ कम हो गए है। पुराने उद्योगपति उद्योग से मुँह मोड़ रहे हैं।

विपणन की समस्या– 'बिहार में जूट उद्योग के सामने विपणन की भी समस्या है। उनकी वस्तुओं की बिक्री के लिए संगठित बाजार की कमी है। उन्हें स्थानीय बाजारों में वस्तुएँ बेचने के लिए विवश होना पड़ता है।'[2]

पूंजी की कमी– 'जूट उद्योग में लगे हुए कारीगर (किसान) प्रायः गरीब होते हैं और उनके पास पूंजी की कमी होती है। पूंजी की कमी के कारण वे आधुनिक यंत्रों को खरीद नहीं पाते हैं तथा समय पर कच्चे माल खरीदने में भी असमर्थ होते हैं। पूंजी की कमी के कारण उन्हें विवश होकर महाजनों से ब्याज की ऊँची दरों पर कर्ज लेना पड़ता है और महाजनों के तगादें के फलस्वरूप अपनी वस्तुओं को कम ही कीमत पर विवश होकर बेचना पड़ता है। इस प्रकार पूँजी की कमी इन उद्योगों की सबसे बड़ी समस्या है।'

समस्या का निराकरण

इन समस्याओं के बावजूद सरकार ने विभिन्न पंचवर्षीय योजना के द्वारा जूट उद्योगों की समस्याओं के निराकरण करने का प्रयास किया जा रहा है।

कच्चे माल की आपूर्ति– इस समस्या के समाधान के लिए कच्चे जूट के उत्पादन में वृद्धि करनी होगी। इसके लिए उन्नत बीज, कृत्रिम खाद, कृषि की उन्नत तकनीकों आदि का प्रयोग करना होगा। कच्चे जूट की किस्म में भी सुधार लाने की आवश्यकता है। इसके

साथ ही साथ किसानों को उचित मूल्य भी मिलना चाहिए।

प्लांट तथा मशीन का आधुनिकीकरण करना– इस उद्योग को भारत सरकार तथा बिहार सरकार ने प्रारंभ में इस उद्योग के आधुनिकीकरण के लिए राष्ट्रीय औद्योगिक विकास निगम स्थापित किया था। सरकार ने 150 करोड़ रुपये का जूट आधुनिकीकरण फंड स्कीम चलायी है जो रूग्ण मिलों के साथ दूसरे मिलों की सहायता करता है। इस उद्योग के आधुनिक बनाकर इसका तकनीकी उन्यन्न करके ही इसके विकास की गति को तीव्र किया जा सकता है।

बढ़ती लागत को कम करके– बढ़ती लागत को कम करके तथा अधिक लाभ प्रदान करके भी जूट उद्योग को विकसित किया जा सकता है। इसके लिए पुरानी मशीनों एवं प्लांट को बदलकर नये लगाने की ज़रूरत है ताकि उत्पादन एवं कुशलता में सुधार हो सके। सरकार को तकनीकी विकास तथा मिलों के आधुनिकीकरण में सहायता करनी चाहिए।

विदेश प्रतियोगिता का मुकाबला करके– आवश्यकता इस बात की है कि उत्पादन व्यय को कम करके जूट के मूल्य में कमी की जाए। यदि भारतीय जूट की वस्तुएँ सस्ती हो जाय तो वे विदेशी प्रतियोगिता का मुकाबला कर सकती हैं।

बिजली की निर्वाध आपूर्ति

नौवीं योजना– नौवीं योजना में जूट वस्तुओं के उत्पादन को बढ़ाने पर बल दिया गया था। उत्पादन में विविधता लाने, हल्का सामान उत्पन्न करने, मशीनों के आधुनिकीकरण तथा निर्यात बढ़ाने की बात की गई थी। जूट विविधीकरण का राष्ट्रीय केन्द्र संगठन का निर्माण किया गया था तथा यू.एन.डी.पी. से सहायता प्राप्त राष्ट्रीय जूट विकास कार्यक्रम चलाया जाएगा।[4]

जूट कि खेती को बढ़ावा देने हेतु केंद्रीय संस्थाएं

नेशनल जूट बोर्ड (NJB)– नेशनल जूट बोर्ड, जूट से जुड़े तीन क्षेत्रों को आपस में जोड़ने वाली कड़ी के रूप में काम करती है। ये तीन कड़ी हैं जूट किसान, जूट मिल के कामगार एवं जूट से सामान बनाने वाले कलाकार। नेशनल जूट बोर्ड किसानों को सर्टिफाइड बीज प्रदान करती है। और साथ ही उनके मोबाइल नंबरों पर एसएमएस के माध्यम से समय समय पर नई और लाभवर्धक जानकारी किसानों को पहुंचाती हैं। नेशनल जूट बोर्ड जूट किसानों को इंसेंटिवस भी देती है। यह संस्था सामाजिक उत्थान के कामों में भी संलग्न है, जैसे कि किसानों के लड़कियों को पढ़ाई के लिए स्कॉलरशिप देना। NJB जूट किसानों के दशवी पास बालिकाओं को 5000 और बारहवी पास को 10000 प्रदान करती है।

जूट कॉर्पोरेशन ऑफ इंडिया (JCI)– जूट कॉर्पोरेशन ऑफ इंडिया अपने देश भर में फैले कृषि विज्ञान केन्द्रों के माध्यम से आधे दामों पर जूट के बीज किसानों को प्रदान करता रहा है। यही संस्था जूट का न्यूनतम समर्थन मूल्य तय करने में अहम भूमिका निभाता है।

सेंट्रल रिसर्च इंस्टीट्यूट फॉर जूट एंड एलाइड फाइब्रेस (CRIJAF)– यह वह संस्था है जो किसानों को बेहतर जूट या पटसन करने के लिए नये और वैज्ञानिक तरीके बताता है। सेंट्रल रिसर्च इंस्टीट्यूट फॉर जूट एंड एलाइड फाइब्रेस का एक उत्पाद है जिसका नाम सोना पाउडर है। इस उत्पाद के प्रयोग से जूट किसान अपनी पैदावार को 20 प्रतिशत तक बढ़ा सकते हैं।[5]

बिहार के कृषि मंत्री डॉ. प्रेम कुमार ने हाल ही में कहा था कि पहले जूट को सिर्फ पैकेजिंग उद्योग के कच्चे माल के स्रोत के रूप में समझा जाता था। लेकिन अब वस्त्र उद्योग, पेपर उद्योग, बिल्डिंग, मृदा संरक्षण, सज्जा फर्निशिंग सामान में इसके रेशे का उपयोग होता है। बहुत तेजी से इसकी मांग में बढ़ोतरी देखी जा रही है। बिहार में जूट के उत्पादन में निम्न लिखित जिले अग्रणी है। पूर्णिया, कटिहार, कटिहार, किशनगंज, अररिया, मधेपुरा, सुपौल एवं सहरसा।[6]

उपरोक्त बातों को ध्यान में रखकर राष्ट्रीय सम विकास योजना के तहत पाट उत्पादन एवं प्रसंस्करण विषय पर बिहार के कृषकों के लिए समुचित प्रशिक्षण की व्यवस्था की गयी है। इसके साथ ही साथ इसकी विकास की संभावनाएँ को देखते हुए बिहार सरकार ने पूर्णियाँ जिले में मल्टीपर्पस जूट पार्क की स्थापना की घोषणा की है। बिहार औद्योगिक क्षेत्र विकास प्राधिकार (बियाडा) ने इस परियोजना के लिए आवश्यक 44.5 एकड़ भूमि का आवंटन कर दिया है। इसकी स्थापना पर 150 करोड़ रुपये की लागत आएगी। जूट पार्क के आलावा पूर्णियाँ के गुलाबबाग में जूट यार्ड की भी स्थापना की जायेगी। जूट उद्योग की अनेकों है तथा उद्योग का अतीत बराबर उथल-पुथल से हो गए हैं। देश विभाजन के बाद को उद्योग को अनेक कठिनाइयों का सामना करना पड़ रहा है। और आजतक उद्योग को ठोस आधार नहीं मिल सका है। लेकिन इतना होते हुए भी उद्योग का भविष्य अन्धकारमय नहीं है। इसकी विभिन्न समस्याओं को सुलझाने के लिए सरकार सजग है और इसके लाभदायक परिणाम भी आने लगे है। उद्योग के लिए निर्यात बढ़ाने की भी विशाल संभावनाएँ है। एशिया के कुछ देशों जैसे आफ्रिका, दक्षिणी अमेरिका, पूर्वी यूरोप, रूस, आदि देशों में जूट के निर्यात में वृद्धि की जा सकती है। इसके विकास की भरपूर संभावनाएँ बिहार में मौजूद है।

बिहार में मक्का आधारित उद्योग

बिहार में खनिज आधारित उद्योगों का विकास हुआ, लेकिन मक्का आधारित उद्योगों का विकास नहीं हो सका। वर्तमान समय में मक्का उत्पादन के क्षेत्र में बिहार राज्य की एक विशेष पहचान है। बिहार में मक्का तीसरी सबसे महत्वपूर्ण खाद्य फसल है। मक्का अनाज की रानी के रूप में भी मशहूर है। वर्तमान में बिहार भारत में मक्का का तीसरा सबसे बड़ा उत्पादक राज्य है। राज्य के आर्थिक व सांख्यिकी निदेशालय द्वारा जारी 2018–19 के आंकड़ों के अनुसार बिहार में 0.669 मिलियन हेक्टेयर में 3.19 मिलियन टन मक्का उत्पादन किया गया। मक्का आधारित उद्योगों की काफी संभावनाएँ बिहार में मौजूद है। मक्का आधारित उद्योगों से रोजगार की भी आपार संभावनाएँ हैं, जो कि बिहार के मजदूरों के पलायन को कम कर सकती है। विशेष प्रकार के मक्के को निर्यात करके विदेशी मुद्रा भी अर्जित की जा सकती है। वहीं राज्य के आय का प्रमुख स्रोत भी है। यह शोध पत्र मक्का आधारित उद्योगों की संभावनाएँ एवं समस्याएँ पर प्रकाश डालता है। आज का बिहार का ऐसा राज्य है, जिसका मुख्य आधार कृषि है। 77 प्रतिशत लोग प्रत्यक्ष या अप्रत्यक्ष रूप से कृषि पर निर्भर है। बिहार से 2000 ई० में झारखण्ड से अलग होने के बाद औद्योगिक दृष्टि से बिहार और पिछड़ गया। कुछेक वृहत उद्योग तथा लघु एवं कुटीर उद्योग राज्य में बचे हैं। उनमें अधिकांश की स्थिति दयनीय है, वे बंद के कगार पर हैं। बिहार में कृषि उद्योगों एवं खाद्य प्रसंस्करण उद्योग का विकास काफी अधिक महत्व रखता है। गरीबी उन्मूलन एवं रोजगार-सृजन की दृष्टि से ऐसे उद्योगों का खास महत्व है, जिसकी आपार संभावनाएँ बिहार में मौजूद हैं। इसी को ध्यान में रखकर मक्का आधारित उद्योगों का भी बिहार में आपार संभावनाएँ मौजूद हैं। मक्का उत्पादन के क्षेत्र में बिहार राज्य की एक विशेष पहचान है।

बिहार में उगाए जाने वाली प्रमुख फसलें धान, गेहूँ, मक्का, चना, गन्ना, आलू और अन्य सब्जियाँ हैं। बिहार राज्य भारत के कृषि जलवायु क्षेत्र (मध्य गंगा मैदानी क्षेत्र) के अन्तर्गत आता है। बिहार को देश में दूसरी हरित क्रांति का केन्द्र माना जाता है। 2006–2007 तक मुश्किल से 40–50 रेल रेक (प्रत्येक में 2600 टन का भार) मक्का का निर्यात होता था, जो खगड़िया, मानसी और नौगछिया में तीन मंडियों से सालाना लोड होता था। लेकिन अगले 6–7 वर्षों में ये रेक 500–550 तक बढ़ गए थे, जो बिहार में आयी शंकर मक्का उत्पादन क्रान्ति को दर्शाता हैं। मक्का आधारित उद्योगों से रोजगार की भी आपार संभावनाएँ हैं, जो कि बिहार के मजदूरों

के पलायन को कम कर सकती हैं। विशेष प्रकार के मक्के को निर्यात करके विदेशी मुद्रा भी अर्जित की जा सकती है।

जलवायु

बिहार राज्य को अलग-अलग मौसमों के अनुसार चार जलवायु क्षेत्रों में बाँटा गया है। राज्य में उत्तरी भाग का तापमान हिमालय के निकट होने के कारण दक्षिणी भाग की तुलना में कम रहता है। पूर्वी भाग का जलवायु हिमालय के निकटता के कारण आर्द है, जबकि पश्चिमी भाग में महाद्वीपीय प्रभावों के कारण शुष्क मौसम होता है। इसलिए बिहार की जलवायु को संशोधित मानसून जलवायु भी कहा जाता है। बिहार में औसतन 1205 मिली मीटर वर्षा होती है। दैनिक उच्च तापमान औसतन 36 डिग्री सेंटीग्रेड तथा न्यूनतम 10 डिग्री सेंटीग्रेड होती है। मौसम में अनुकूलता के कारण ही बिहार में मक्का के खेती वर्ष भर तीनों ऋतुओं रबी, वसंत एवं खरीफ में की जाती है।

बिहार में मक्का उत्पादन की वर्तमान स्थिति

बिहार में कुल खाद्यान्न उत्पादन 16.31 मिलियन टन और मक्का का उत्पादन 3.19 मिलियन टन हुआ। बिहार में मक्का तीसरी सबसे महत्वपूर्ण खाद्य फसल है। मक्का अनाज की रानी के रूप में मशहूर है। वर्तमान में बिहार, भारत में मक्का का तीसरा सबसे बड़ा उत्पादक राज्य है। मक्का में मनुष्यों एवं पशुओं दोनों के पोषण के स्तर में सुधार तथा उद्योगों पशुधन अर्थव्यवस्था तथा समग्र ग्रामीण अर्थव्यवस्था के विकास को बढ़ावा देने की क्षमता रखता है। भारत में बिहार पारंपरिक मक्का उगाने वाले राज्यों में से एक है। हालांकि लगभग सभी जिलों में और बिहार के सभी प्रकार के कृषि परिस्थिति क्षेत्रों में तथा सालों भर मक्का पैदा की जाती है। राज्य में मक्का कुल उत्पादन का तीन चौथाई से ज्यादा उत्पादन मुख्यतः रबी मौसम में 13 जिले से होती है। इसके अलावे बेगूसराय, खगड़िया, पूर्व चंपारण, भागलपुर, मधेपुरा, सहरसा और समस्तीपुर में राज्य के कुल मक्का क्षेत्र का लगभग आधा से ज्यादा क्षेत्र है और जिले मधेपुरा, खगड़िया, सहरसा, भागलपुर, पूर्णियाँ, पूर्वी चंपारण एवं कटिहार के कुल मक्का उत्पादन का 50 प्रतिशत से अधिक उत्पादन करता है। राज्य के आर्थिक सांख्यकी निदेशालय द्वारा जारी 2018–19 के आंकड़ों के अनुसार बिहार में 0.669 मिलियन हेक्टेयर में 3.19 मिलियन टन मक्का का उत्पादन किया गया।

इस प्रकार मक्का विदेशी मुद्रा अर्जित करने का एक महत्वपूर्ण साधन बन गया है। 2012–13 तक बिहार का वार्षिक मक्का निर्यात 10 लाख टन (6.5 लाख टन दक्षिण-पूर्व एशिया और 3.5 लाख टन बांग्लादेश और नेपाल) तक पहुँच गया। पूर्णियाँ, कटिहार

और भागलपुर से मधेपुरा, सहरसा, खगड़िया और समस्तीपुर (गंगा के उत्तर) में कोशी के दोनों ओर एक मक्का बेल्ट के रूप में उभरा है, जहाँ कई किसानों को बड़े और छोटे प्रति एकड़ 50 क्विंटल या उससे अधिक उपज प्राप्त हुई है। यह अमेरिका के इलिनोइस आयोवा और इंडियाना के मिडवेस्ट हाईलैंड में 180–250 कुशल पैदवार के बराबर या (एक कुशल 25.4 किलोग्राम के बराबर) खगड़िया, सहरसा, समस्तीपुर और कटिहार के बाढ़ प्रभावित क्षेत्रों में रबी मक्का प्रमुख और कुछ मामलों में, एक मात्र फसल बन गया है। वर्ष 2016–2017 में बिहार का कटिहार जिला शंकर (मक्का उत्पादन में 11.9 टन प्रति हेक्टेयर उत्पादन करने वाला जिला बन गया जो कि एक कीर्तिमान बना है।[2]

पूर्णियाँ जिला में 41918.4 हेक्टेयर में भूमि में मक्का की खेती की जाती है। बिहार में लगी बालिया जब पीला दाना बनकर तैयार होती है, तो सोने से कम उनकी चमक नहीं होती है। बिहार के कोशी इलाके में मक्का की खेती ने जबर्दस्त चमक बिखेरी है। किसानों की मेहनत रंग लाई और आज यहाँ से करीब 6 लाख टन मक्का दूसरे देश में भेजा जा रहा है। मक्का का कारोबार चार अरब से अधिक पहुँच गया है। पूर्णियाँ बिहार और देश का गुलाबवाग मक्का की बड़ी मंडी है। यहाँ से पंजाब, हरियाणा, रूद्रपुर, विजयनगर, दिल्ली, पश्चिम बंगाल, उत्तरप्रदेश और झारखण्ड में ट्रकों से मक्का जाता है। कोलकत्ता से बांग्लादेश भेजा जाता है। विशाखापत्तनम और मुंबई के बंदरगाहों से पानी जहाज के जरिये मक्का अर्जेंटीना और मलेशिया तक भेजा जाता है।[3]

मक्का आधारित उद्योग

उपरोक्त तथ्यों को देखते हुए बिहार में मक्का आधारित उद्योगों की भारी संभावनाएँ मौजूद हैं। मक्का से स्टार्च, गुलकोच, कार्न फ्लेक्स, खाने के तेल, मुर्गी के चारे एवं कुरकरे समेत दर्जनों तरह की सामाग्रियां बनाई जाती हैं। विदेशों में इसे वाहनों के ईंधन के रूप में भी इस्तेमाल किया जाता है। भंडारण और मार्केटिंग में राज्य और केन्द्र सरकार थोड़ी दिलचस्पी ले तो मक्का बिहार का तस्वीर बदल सकती है। इतनी बड़ी मात्रा में मक्का की पैदावार को देखते हुए बिहार में मक्का आधारित उद्योगों के विकास की अपार संभावनाएँ हैं। लेकिन आज तक प्रोसेसिंग यूनिट बहुत कम लगा है। इसकी विकास की आपार संभावनाएँ को देखते हुए 100 से 150 किसानों को फूड प्रोसेसिंग की ट्रेनिंग देने के लिए 31 जुलाई को केन्द्र सरकार के विशेषज्ञों का दल बिहार के भागलपुर आएगा। मक्का किसान इसके लाभ उठा सकते है। पांच सहकारी समितियाँ को मिलाकर प्रोसेसिंग प्लांट लगाने की योजना लागू करने पर भी विचार चल रहा है।[4]

मक्का आधारित उद्योगों की समस्याएँ

कृषि आधारित मक्का उद्योग बिहार की अर्थव्यवस्था के अति महत्वपूर्ण अंग है, जिससे लाखों लोगों को रोजगार प्राप्त है तथा इससे करोड़ों रुपये की विदेशी मुद्रा अर्जित की जाती है लेकिन दुर्भाग्य की बात है कि वे अनेक समस्याओं से ग्रसित है। उनकी कुछ समस्याएँ तो उनके छोटे आकार के कारण उत्पन्न होती हैं, तो कुछ समस्याओं का कारण सरकार से प्राप्त छुट सहायता पर उनकी निर्भरता रही है। ऐसे उद्योग की प्रमुख समस्याएँ निम्न हैं–

1. विपणन की समस्या– मक्का आधारित उद्योग के सामने विपणन की गंभीर समस्या है। उनकी वस्तुओं की बिक्री के लिए कोई संगठित बाजार नहीं है। उन्हें स्थानीय बाजारों में वस्तुएँ बेचने के लिए विवश होना पड़ता है या फिर घूम–घूम कर वस्तुएँ बेचना पड़ता है। जिसके कारण उचित मूल्य नहीं मिल पाता है। बाजार की सीमितता के कारण उन्हें अपना उत्पादन भी सीमित करना पड़ता है। फलस्वरूप उन्हें बड़े पैमाने के उत्पादन की मितव्ययिताएँ नहीं मिल पाती हैं। फलतः वे उत्पादन का आदर्श स्तर प्राप्त नहीं कर पाते। समय एवं शक्ति की बर्बादी होती है तथा वस्तुओं का उचित मूल्य भी प्राप्त नहीं हो पाता है।'5

2. पूंजी की कमी– मक्का उद्योग में लगे हुए कारीगर (किसान) प्रायः गरीब होते हैं और उनके पास पूंजी की कमी होती है। पूंजी की कमी के कारण वे आधुनिक यंत्रों को खरीद नहीं पाते है तथा समय पर कच्चे माल खरीदने में भी असमर्थ होते हैं। पूंजी की कमी के कारण उन्हें विवश होकर महाजनों से ब्याज की ऊँची दरों पर कर्ज लेना पड़ता है और महाजनों के तगादें के फलस्वरूप अपनी वस्तुओं को कम कीमत पर बेचना पड़ता है। इस प्रकार पूंजी की कमी इन उद्योगों की सबसे बड़ी समस्याएँ हैं।'6

3. शक्ति की समस्या– किसी भी देश, राज्य या जिला के चहुँमुखी विकास के लिए ऊर्जा या शक्ति के साधानों की अहम भूमिका होती है। बिजली की उपलब्धता कृषि तथा औद्योगिक विकास तथा यातायात एवं परिवहन के लिए अतिआवश्यक होता है। यदि ऊर्जा या शक्ति से साधन पर्याप्त मात्रा में उपलब्धता नहीं होते तो विकास की प्रक्रिया धीमी एवं बाधित होती है।

राज्य के विभाजन के बाद बिहार की ऊर्जा या शक्ति की स्थिति काफी बिगड़ गयी है। शक्ति के अधिकांश साधन झारखण्ड राज्य में चले गये हैं। बिहार में ऊर्जा के मामलें में बहुत ही पिछड़ी हुई है। कोयले के खाने झारखण्ड में चले गये हैं। जिसका परिणाम यह हुआ कि राज्य विभाजन के पूर्व प्रति व्यक्ति विद्युत खपत जो 140.8 KWH था वह विभाजन के बाद राज्य की दूसरी योजना के

अनुसार 60 KWH रह गया। यदि राष्ट्रीय औसत देखा जाय तो यह करीब 355 KWH है। बिहार देश सबसे कम प्रति व्यक्ति बिजली खपत वाला राज्य में तब्दील हो गया। बिहार आज बिजली संकट से जूझ रहा है। विभाजित बिहार में बिजली की संस्थागत क्षमता 1900 –2000 में मात्र 449.2 MW था ताप विद्युत 430.2 MW तथा पन बिजली 19 MW जबकि राज्य में अनुमानित आवश्यकता करीब 1500 MW का है। वर्तमान समय में बिजली में कुछ सुधार देखने को मिला है।

4. अपर्याप्त तथा खराब गुणवत्ता वाली अधः संरचना–

कृषि आधारित उद्योगों के विकास के रास्ते में सड़क रेलवे, संचार व्यवस्था का खस्ता हाल होना भी बहुत बड़ी समस्या है। आज भी सभी गाँवों को सड़कों से नहीं जोड़ा गया है। कच्चा माल औद्योगिक इकाईयों तक पहुँचाना तथा तैयार माल बाहर भेजने में काफी कठिनाई का सामना करना पड़ता है। इन सुविधाओं के विकसित न होने के कारण औद्योगिक इकाईयों की स्थापना एवं विकास पर बुरा प्रभाव पड़ता है। निवेश को आकर्षिक करना कठिन होता है।

5. प्रशिक्षित एवं कुशल मानव शक्ति का अभाव–

बिहार में तकनीकी संस्थाओं की कमी है। फलतः पेशेवर, कुशल श्रमिकों का अभाव है, जो कृषि आधारित उद्योगों के विकास के रास्ते में आड़े आता है। आई.टी.आई., इंजीनियरिंग महाविद्यालयों के लिए प्रशिक्षण सुविधाओं का अभाव है। प्रशिक्षण के अभाव में वे अपनी वस्तु निर्गत करने में पुराने तरीकों का ही प्रयोग करते हैं। वे अपनी वस्तु की किस्म व डिजाइन आदि में शिक्षा के अभाव के कारण कोई सुधार या अविष्कार नहीं कर पाते हैं। जिसके फलस्वरूप उनकी वस्तु की माँग में वृद्धि नहीं हो पाती है।

6. कच्चे माल की उपलब्धता तथा रख- रखाव की समस्या–

बिहार के किसानों को बोने के लिए उत्तम किस्म का बीज, तकनीक एवं खाद नहीं मिलता है, जिससे उसका उत्पादन निम्न कोटी का होता है। इसके चलते पर्याप्त मात्रा में कच्चा माल उपलब्ध नहीं हो पाता है। किसानों की अज्ञानता के कारण कच्चे माल का रख-रखाव ठीक ढंग से नहीं कर पाते। कोल्ड स्टोरेज का अभाव है, जो कोल्ड स्टोरेज है, वह जर्जर अवस्था में है।

7. बड़े पैमाने के उद्योगों के साथ प्रतियोगिता–

मक्का आधारित उद्योग के सामने बड़े उद्योगों से प्रतियोगिता का सामना करना पड़ता है। कृषि आधारित उद्योगों के पास न तो साधन है, न ही उत्तम विकसित तकनीक जिसके कारण वे बड़े उद्योगों की प्रतियोगिता में नहीं टिक पाते। बड़े उद्योगों के अनेक तरह की मितव्ययिताएँ प्राप्त होती है, विज्ञापन एवं प्रचार का भी लाभ नहीं

मिलता है। दूसरी ओर मक्का आधारित उद्योगों को इस प्रकार कोई लाभ नहीं मिलता है। फलस्वरूप वे बड़े उद्योगों की प्रतियोगिता में नहीं टिक पाते।

8. प्रमाणिकता का अभाव– जिन वस्तुओं का निर्माण कृषि आधारित उद्योगों के द्वारा होता है, उनमें एकरूपता का अभाव रहता है। अतः प्रमाणिकता के अभाव में वस्तुओं की उचित कीमत निश्चित न होने से उनकी संगठित रूप से बिक्री नहीं हो पाती है। एकरूपता की कमी के कारण उपभोक्ताओं को भी कठिनाई होती है, और कारीगर एवं वस्तुओं की भी विदेश में मांग होती है, परन्तु इस संबंध में सरकार द्वारा अधिक ध्यान नहीं दिया गया। चुंकि वस्तुओं में भिन्नता पायी जाती है इसलिए उनका ग्रेड व नमुना देना भी संभव नहीं होता।

9. भ्रष्टाचार एवं घोटालों का माहौल– बिहार में भ्रष्टाचार एवं घोटालें का पुराना इतिहास रहा है। इसके कारण सरकार द्वारा दिया गया अनुदान उद्यमियों के पास नहीं पहुँच पाता है। जो राशि उद्योगों के विकास पर खर्च होना चाहिए था वे राशि दलालों, ठेकेदारों, भ्रष्ट कर्मचारियों और अधिकारियों के हाथ में चला जाता है और किसान गरीब का गरीब रह जाता है।

उदाहरण स्वरूप 'कृषि विभाग की फाईल में हुई परवल की खेती, जाँच में मिले कद्दू और करैले कटिहार जिला के दो प्रखण्डों मनिहारी एवं प्राणपुर प्रखण्ड वित्तीय वर्ष 2008–09 के कृषि विभाग की फाईल में परवल की खेती जाँच में मिले कद्दू और करैले।'[7]

'उपरोक्त समस्याओं के बावजूद मक्का से संबंधित उद्योग आज काफी प्रासांगिक है। इसके विकास की बिहार में काफी संभावनाएँ है। आज आवश्यकता इस बात की है कि इसका तेजी से प्रचार प्रसार एवं ग्राम आधारित अर्थव्यवस्था को आगे बढ़ा सकते हैं। इससे तीव्र गति से प्रगति कर कृषि पर से अतिरिक्त बोझ घटा सकेंगे। गरीबी का निवारण एवं रोजगार के नये अवसर का सृजन कर बेकारी की समस्या का समाधान कर सकेंगे और लोगों के जीवन स्तर सुधार कर अर्थव्यवस्था को संतुलित कर सकेंगे।'[8]

निष्कर्ष के तौर पर कहा जा सकता है कि मक्का उत्पादन के क्षेत्र में बिहार राज्य की विशेष पहचान है। राज्य के आर्थिक व सांख्यकी निदेशालय द्वारा जारी 2018–2019 के आकंड़ो के अनुसार बिहार में 0.669 मिलियन हेक्टेयर में 3.19 मिलियन टन मक्का का उत्पादन किया गया है। बिहार में मक्का आधारित उद्योगों की भरपूर संभावनाएँ मौजूद हैं। उनके विदोहन एवं शोषण की ज़रूरत है। मक्का आधारित उद्योगों से रोजगार की भी आपार संभावनाएँ हैं जो कि बिहार के मजदूरों के पलायन को

कम कर सकती हैं। विशेष प्रकार के मक्के निर्यात करके विदेशी मुद्रा भी अर्जित की जा सकती है। मकई से स्टार्च, गुलकोच, कार्न फ्लेक्स, खाने के तेल, मुर्गी के चारे एवं कुरकुरे समेत दर्जनों तरह ही सामग्री बनाई जाती है। विदेशों में इसे वाहनों के ईंधन के रूप में भी इस्तेमाल किया जाता है।

सरकार एवं निजी क्षेत्र द्वारा निवेश बढ़ाने की ज़रूरत है। विधि व्यवस्था में सुधार के साथ-साथ मूलभूत सुविधाओं सड़क, बिजली, विपणन, पूँजी उपलब्धता, पैकेजिंग संचय का बंदोवस्त करना नितांत आवश्यक है। यदि बिहार को खुशहाल बनाना है तो हमें मिलकर प्रतिबद्धता के साथ साकारात्मक दृष्टिकोण से काम करना होगा, राज्य व्यवस्था, प्रशासनिक तंत्र एवं वित्तीय संस्थाओं को मिलकर काम करना होगा। बिहार मे मक्का आधारित उद्योगों का भविष्य उज्ज्वल प्रतीत होता है।

बिहार के लघु उद्योग

बिहार में योजनाबद्ध रूप से खनिज आधारित उद्योगों का विकास हुआ है, किन्तु बिहार से झारखण्ड अलग होने के बाद न तो खनिज आधारित उद्योगों का विकास हुआ और न ही लघु उद्योगों का पर्याप्त विकास हुआ है। लघु उद्योगों की राज्य के आर्थिक विकास में महत्त्वपूर्ण भूमिका है। जहाँ एक ओर यह राज्य के उत्पादन में वृद्धि वहीं दूसरी ओर रोजगार का स्रोत एवं निर्यातों का आधार है तथा राज्य की आय का प्रमुख स्रोत भी है। किसी भी राज्य का आर्थिक विकास उस राज्य में हुए कृषि एवं औद्योगिक विकास पर निर्भर करता है, क्योंकि कृषि एवं उद्योग एक दूसरे के पूरक हैं। 'भारतीय अर्थव्यवस्था की तरह बिहार में भी लघु उद्योगों की विशेष उपयोगिता है। बिहार में बड़े पैमाने पर गरीबी व्याप्त है। बड़ी संख्या में लोग बेकारी के शिकार हैं तथा यहाँ साधन की कमी है। इस संदर्भ में राज्य में लघु उद्योगों की विशेष उपयोगिता है। बिहार की आबादी का करीब 87 प्रतिशत गाँवों में निवास करता है। करीब 76 प्रतिशत लोग कृषि पर आश्रित हैं। राज्य में 56 प्रतिशत के करीब लोग गरीबी रेखा के नीचे जीवन बसर करते हैं। राज्य के विभिन्न इलाकों में कुटीर तथा लघु उद्योग कार्यरत हैं। वे उद्योग लाखों लोगों के जीवनयापन के स्रोत हैं"[1]

बिहार राज्य में विभिन्न प्रकार के लघु उद्योग कार्यरत हैं। बिहार में विभिन्न प्रकार के लघु उद्योग हैं। बिहार में पंजीकृत लघु उद्योगों की अनुमानित संख्या 1,21,156 थी।[2] साथ ही राज्य सरकार 104 तरह के लघु उद्योगों को विकसित करने के लिए आर्थिक सहायता भी देती है। राज्य में आठवीं योजना में ग्रामीण तथा लघु उद्योगों के लिए 174.19 करोड़ का परिव्यय रखा गया था तथा राज्य में उनके विकास को प्रोत्साहित करने पर बल दिया गया।'[3]

राज्य में लघु उद्योगों के विकास की प्रबल संभावनाओं के बावजूद कृषि पर अत्यधिक निर्भरता, पूंजी की कमी एवं तकनीकी विकास की कमी जैसे समस्याओं से पीड़ित होने के कारण लघु उद्योगों की प्रगति संतोषजनक ढंग से नहीं हो पायी है। इस प्रकार इस शोध पत्र में बिहार के लघु उद्योगों से संबंधित समस्याओं की पहचान करने और प्रदेश में लघु उद्योगों की संभावनाओं का पता करने के लिए बनाया गया है।

संकल्पना और लघु उद्योगों की परिभाषा– वर्ष 1950 से 2960 के बीच लघु उद्योगों को प्रभाषित करने के लिए निवेश धनराशि की सीमा के साथ-साथ मानव शक्ति के नियोजन को आधार माना जाता था। जबकि 1960 से 2001 के आगामी वर्षों तक

लघु उद्योगों को निवेश सीमा की धनराशि के आधार पर परिभाषित किया जाता रहा है। उस प्रकार लघु उद्योग की परिभाषा समय-समय पर विभिन्न आधारों पर दिया गया है। 'लघु उद्योगों के अन्तर्गत वे समस्त इकाइयाँ सम्मिलित की जाती हैं। जिसमें स्थिर परिसम्पत्तियों के रूप में प्लाण्ट एवं मशीनरी पर पूँजी की मात्रा 01 करोड़ रुपये से अधिक नहीं है लेकिन उच्च तकनीकी व निर्यात उद्योगों के लिए यह सीमा 05 करोड़ रुपये हैं।'[4]

सूक्ष्म, लघु एवं मध्यम उद्योग विकास अधिनियम 2006 के अनुसार लघु उद्योगों की परिभाषा के अन्तर्गत इस अधिनियम में लघु उद्योगों के लिए 'उद्यम' शब्द का प्रयोग किया गया तथा समस्त उद्यम क्षेत्र को दो वर्गों में विभाजित किया गया है।

1. विनिर्माण उद्यम– 25 लाख रुपये से 05 करोड़ रुपये तक निवेश करने वाली इकाइयों को लघु उद्यम के अन्तर्गत रखा गया है।

2. सेवा उद्यम– सेवा क्षेत्र में कार्यरत इकाइयों जिन्होंने 10 लाख रुपये से 2 करोड़ रुपये तक निवेश किया है ऐसे इकाईयों को लघु उद्यम की श्रेणी में रखा गया है।

सूक्ष्म, लघु और मंझौले उद्यम विकास अधिनियम 2006 के अनुसार निर्देश की सीमा

उद्यम का प्रकार	निर्माण उद्यम संयंत्र और मशीनरी में निवेश	सेवा उद्यम उपकरणों में निवेश
1. सूक्ष्म	25 लाख रुपये तक	10 लाख रुपये तक
2. लघु	25 लाख रुपये से 05 करोड़ तक	10 लाख से 2 करोड़ तक
3. मध्यम	5 करोड़ से 10 करोड़ तक	2 करोड़ से 5 करोड़ तक

भारत सरकार के सूक्ष्म, लघु एवं मध्यम उपक्रम मंत्रालय द्वारा सूक्ष्म, लघु एवं मध्यम उपक्रमों में प्लॉट एवं मशीनरी में निवेश की सीमा बढ़ाने के लिए सूक्ष्म, लघु एवं मध्यन उपक्रम विकास संशोधन विधेयक 2015, जो 20 अप्रैल 2015 को लोक सभा में पेश किया गया। इस विधेयक में निवेश की प्रस्तावित सीमा निम्न है–

अ–विनिर्माणी उपक्रम

उपक्रम के प्रकार	एम.एस.एम.ई. अधिनियम 2006	एम.एस.एम.ई. विधेयक 2006
1. सूक्ष्म उपक्रम	25 लाख रुपये तक	50 लाख रुपये तक
2. लघु उपक्रम	25 लाख रुपये	50 लाख रुपये से 10 करोड़ रुपये तक

3. मध्यम उपक्रम	05 करोड़ रुपये से 10 करोड़ तक	10 करोड़ रुपये से 30 करोड़ रुपये तक

ब– सेवाएँ प्रदान करने वाले उपक्रम

उपक्रम के प्रकार	एम.एस.एम.ई. अधिनियम 2006	एम.एस.एम.ई. विधेयक 2006
1. सूक्ष्म उपक्रम	10 लाख रुपये तक	25 लाख रुपये तक
2. लघु उपक्रम	10 लाख रुपये से 02 करोड़ रुपये तक	20 लाख रुपये से 10 करोड़ रुपये तक
3. मध्यम उपक्रम	02 करोड़ रुपये से 05 करोड़ तक	05 करोड़ रुपये से 15 करोड़ रुपये तक

उपयोगिता– बिहार से झारखण्ड अलग होने के बाद बिहार औद्योगिक दृष्टि से एक पिछड़ा राज्य है। सभी बड़े उद्योग झारखण्ड में चले गये। अतः सरकार को संतुलित अर्थव्यवस्था की दृष्टि से लघु उद्योग के विकास को सर्वाधिक महत्व प्रदान करना चाहिए। प्रायः यह कहा जाता है कि आधुनिक युग केवल बड़े उद्योगों का ही युग है और इसमें लघु उद्योगों को कोई स्थान नहीं दिया जा सकता। किन्तु यदि ध्यानपूर्वक देखा जाये तो यह विचार सर्वथा अनुचित प्रतीत होता है। लघु उद्योगों का नाम अवश्य छोटा है, किन्तु उनकी उपयोगिता किसी भी दशा में कम नहीं समझी जानी चाहिए लघु उद्योगों का बिहार की अर्थव्यवस्था में उतना ही महत्वपूर्ण स्थान होता है जितना कि बड़े उद्योगों का।

विश्व के प्रायः सभी विकसित देशों में भी लघु उद्योगों का महत्वपूर्ण स्थान है। ब्रिटेन, संयुक्त राज्य अमेरिका, जापान, जैसे औद्योगिकृत देश में भी हमें बड़े उद्योगों एवं कुटीर तथा लघु उद्योगों का सुन्दर समन्वय देखने को मिलता है। स्विट्जरलैण्ड के अर्थव्यवस्था तो कुटीर एवं लघु उद्योगों पर आधारित है। बिहार भारत की अर्थव्यवस्था तो श्रम प्रधान अर्थव्यवस्था है। इसलिए बिहार में लघु उद्योगों की उपयोगिता और अधिक बढ़ जाती है।

बिहार में लघु उद्योगों की उपयोगिता को हम निम्न बिन्दुओं के माध्यम से स्पष्ट कर सकते हैं। कृषि पर जनसंख्या के भार में कमी, रोजगार की समस्या का समाधान, औद्योगिकरण के दोषों से मुक्ति, आय एवं सम्पत्ति का समान वितरण, उद्योगों के विकेन्द्रीकरण में सहायक, देश के निर्यात में महत्वपूर्ण स्थान, आयात पर कम निर्भरता, शहरीकरण व औद्योगिकरण के प्रभाव से सुरक्षा, तकनीकि ज्ञान की कम आवश्यकता, संघर्ष के बचाव, आय वितरण में समानता, ग्रामीण अर्थव्यवस्था के अनुरूप, बड़े उद्योगों के लिए सहायक या पूरक, स्थानीय साधनों का उपयोग, निर्यात में सहायता,

राष्ट्रीय सुरक्षा आदि इस प्रकार लघु उद्योगों ने देश के सामाजिक एवं आर्थिक विकास में महत्त्वपूर्ण स्थान बना लिया है। इसके महत्व को स्पष्ट करते हुए योजना आयोग की रिपोर्ट में कहा गया है 'लघु एवं कुटीर उद्योग हमारी अर्थव्यवस्था के महत्त्वपूर्ण अंग है, जिनकी कभी भी उपेक्षा नहीं की जा सकती।

लघु उद्योगों की समस्याएँ-

बिहार में लघु उद्योगों को कई प्रकार के समस्याओं का सामना करना पड़ रहा है। जिसके परिणामस्वरूप कई इकाई रूग्ण, बिमार, एवं बंद पड़ी हुई हैं। लघु इकाईयों में अस्वस्थता कितनी व्यापक है इसका अंदाज इस बात से लगाया जा सकता है कि मार्च 1999 तक राज्य में 26,293 इकाईयां बीमार थीं, जिनमें 142.76 करोड़ रुपये की बकाया राशि थी। इसके अलावे लघु उद्योग कई समस्याओं से ग्रसित हैं, जो निम्न हैं-

1. वित्त एवं पूंजी की समस्या- बिहार एक कृषि प्रधान राज्य है और यहाँ के कारीगर निर्धन है। उनके पास इतनी पूंजी नहीं है कि वे अपने कार्यों को सुचारू रूप से चला सकें। चूँकि उनके पास उपयुक्त प्रकार की प्रतिभूति नहीं होती, इसलिए वे उपयुक्त वित्तीय सहायता राज्य वित निगम जैसी संस्थाओं से प्राप्त नहीं कर पाते। अतः अपनी आवश्यकताओं की पूर्ति के लिए साहूकारों, व्यापारियों व मध्यस्थों के पास आ जाते हैं, जो कि बहुत अधिक ब्याज लेते हैं और अन्य प्रकार से शोषण करते हैं। पूंजी के अभाव में इन इकाईयों का उत्पादन व वितरण तंत्र प्रत्यक्ष रूप से प्रभावित होता है एवं धीरे-धीरे ये इकाईयों वित्त की समस्या से जूझती हुई रूग्ण इकाईयों के रूप में तब्दील हो जाती हैं एवं अन्त में बन्द हो जाती हैं।

2. कच्चे माल की उपलब्धता- लघु उद्योगों को उत्पादन करने के लिए कच्चा माल अधिकांशतः स्थानीय स्रोतों द्वारा उपलब्ध कराया जाता है। अतः इन लघु उद्यमों को इन्हीं स्थानीय स्रोतों पर निर्भर रहना पड़ता है। स्थानीय व्यापारी उन लघु उद्यमों को इस शर्त पर कच्चा माल उपलब्ध कराते हैं कि तैयार माल उन्हीं को बेचेंगे। अतः ये दोहरे लाभ उठाते हैं।

3. उत्पादन की अविकसित प्रणाली- बिहार के कारीगरों के यंत्र एवं कार्य करने के तरीके अति प्राचीन हैं जिसमें एक तो अधिक वस्तुओं का उत्पादन संभव नहीं हो पाता है। दूसरा इसके उत्पादन करने में उत्पादन की लागत भी अधिक आती है। उत्पादन के अविकसित प्रणाली को अपनाने का प्रमुख कारण बिहार के कारीगरों की अशिक्षा भी जिम्मेवार है। अशिक्षित रहने के कारण उन्नत तकनीक, मशीनों और उपक्रमों का उपयोग नहीं कर पाते हैं।

4. विपणन की समस्या– लघु उद्योगों की सबसे बड़ी समस्या उनके विपणन की है, क्योंकि उनके पास बिक्री के लिए संगठन का अभाव है। लघु इकाईयों द्वारा मानक वस्तुओं का उत्पादन नहीं करने के कारण वृहत इकाईयों की तुलना में इनका उत्पादन सहज नहीं बिक पाता है।

5. प्रमाणिकता का अभाव– जिन वस्तुओं का उत्पादन निर्माण लघु उद्योगों द्वारा होता है उनमें एकरूपता का अभाव रहता है। अतः प्रमाणिकता के अभाव में वस्तुओं की उचित कीमत निश्चित न होने से उनकी संगठित रूप से बिक्री नहीं की जा सकती। एकरूपता की कमी के कारण उपभोक्ताओं को भी कठिनाई होती है और कारीगर भी वस्तुओं के गुण में सुधार नहीं कर पाते।'5

6. निर्यात की उपेक्षा– लघु उद्योग-धन्धों से संबंधित कुछ वस्तुओं की विदेशी माँग भी होती है परन्तु इस तरफ सरकार द्वारा ध्यान नहीं दिया जाता है। इसके साथ ही साथ वस्तुओं में भिन्नता पायी जाती है इसलिए उनका ग्रेड व नमूना देना भी संभव नहीं होता।

7. प्रतिस्पर्धा की समस्या– नई औद्योगिक नीति 1991 के पश्चात् लघु उद्योग क्षेत्र को और अधिक उदार बनाया गया है। उदाहरण स्वरूप औद्योगिक लाईसेंसिंग की समाप्ति उत्पाद के आरक्षण में कमी देशी व विदेशी उद्योगों के साथ प्रतिस्पार्धा को प्रोत्साहन प्रशुल्कों में कमी, मात्रात्मक प्रतिबन्धों को समाप्त करना इत्यादि से कई लघु उद्योग इकाईयों पर प्रतिकूल प्रभाव पड़ा है जिससे प्रदेश के अनेक लघु उद्योग इकाईयों के सामने गंभीर खतरा उत्पन्न हो गया है। सबसे गंभीर खतरा चीन से आ रहे सस्ते उत्पादों से हैं जिसकी कीमत इतनी कम है कि घरेलू लघु उद्योगों के लिए अपना अस्तित्व बचाना मुश्किल हो गया है।

8. अन्य समस्याएँ– लघु उद्योगों को उपरोक्त समस्याओं के अतिरिक्त कुछ अन्य समस्याऐं भी हैं। सस्ती बिजली उपलब्ध न होना, प्रबंधकीय क्षमता का अभाव, बाजार स्थिति के बारे में अपूर्ण जानकारी, लघु उद्योगों में रुग्णता, समय पर भुगतान नहीं मिलना, उपभोक्ताओं की अरुचि, शिक्षा का अभाव इत्यादि। इन उद्योगों के विकास को प्रोत्साहित करने के लिए जो विभिन्न एजेन्सियाँ बनाई गई हैं। उनमें परस्पर सहयोग व ताममेल का अभाव है। सरकार के लगातार प्रयासों के बावजूद गुणावत्ता तथा श्रेणी में सुधार लाने व एकरूपता बनाये रखने के बारे में जागृति नहीं लाई जा सकी है।

लघु उद्योगों की संभावनाएँ– आज का बिहार एक ऐसा राज्य है जिसका मुख्य आधार कृषि है। कुछ वृहत उद्योग ही राज्य में बचे हैं, उनमें अधिकांश की स्थिति दयनीय है, वे बंद हैं या रुग्ण

होकर बंदी के कगार पर हैं। ऐसी स्थिति में बिहार में लघु उद्योगों का विकास काफी महत्व रखता है। गरीबी उन्मूलन एवं रोजगार काफी महत्व रखता है। गरीबी उन्मूलन एवं रोजगार सृजन की दृष्टि से ऐसे उद्योगों का खास महत्व है, जिसकी आपार संभावनाएँ बिहार में मौजूद हैं। इसके साथ ही साथ लघु उद्योग कम पूंजी में अधिक लोगों को रोजगार प्रदान करने की क्षमता रखते हैं एवं ग्रामीण औद्योगिकरण को प्रोत्साहित करते हैं। वैश्वीकरण की प्रक्रिया से लघु उद्योगों में समझ चुनौतियाँ एवं अवसर दोनों ही आये हैं। वर्तमान में लघु उद्योगों को अनेक सुविधाएं मिल रही हैं। फिर भी यह सुनिश्चित करना होगा कि लघु उद्योग नवीनतम तकनीक का उपयोग करें तथा गला काट प्रतिस्पर्धा से बचते हुए उच्च स्तर का उत्पादन करें। सरकारी आरक्षण नीति तथा बहुराष्ट्रीय कम्पनियों के आने के फलस्वरूप लघु उद्योगों के सामने प्रतिस्पर्धा की समस्या उत्पन्न हो गई है फिर भी लघु उद्योगों के भविष्य का विवेचन निम्न तर्कों के आधार पर किया जा सकता है।

1. कृषि के लिए पूरक व्यवसाय– बिहार एक पिछड़ा हुआ राज्य है और बिहार का समग्र विकास केवल कृषि से संभव नहीं है। कृषि विकास का लाभ प्रत्यक्ष रूप से खेतिहर मजदूर या भूमिहर श्रमिकों को नहीं मिल पाता है। यदि अप्रत्यक्ष रूप से मिल भी पाता है तो वह नगण्य है। अतः ग्रामीण परिवारों की स्थिति में सुधार के लिए आवश्यक है कि लघु उद्योगों और व्यवसाय का विकास किया जाये ताकि कृषि कार्य की बदली हुई परिस्थिति और लोगों की रुची में सामंजस्य से निरन्तर विकास कार्य को गतिमान रखा जा सके। औद्योगिकरण से गैर कृषि साधनों की माँग में वृद्धि हुई है और इसी आधार पर यह कहा जा सकता है कि गैर कृषि कार्यों में लग सकने वाले व्यक्तियों या रोजगार अवसरों की संभावना भी असीमित है। बिहार एक कृषि प्रधान राज्य है इसलिए पूरक व्यवसाय के रूप में लघु उद्योगों की काफी संभावनाएँ मौजूद हैं।

2. उत्पादन का उपयुक्त क्षेत्र– ग्रामीण आवश्यकताएँ अत्यन्त वृहत् एवं विशाल हैं। जब लघु उद्योग ग्रामीण क्षेत्रों में लगाने की चेष्टा की जाती है तो ग्रामीणों में एक नई जागृति आती है। अतः बिहार जैसे राज्यों के विकास के लिए ग्रामीण क्षेत्रों में लघु उद्योगों की काफी संभावनाएँ मौजूद हैं।

3. अपेक्षाकृत अधिक रोजगार परक उद्यम– पूर्ण रोजगार की व्यवस्था एक दिवा स्वप्न लगने लगा है। बेरोजगारी के आंकड़े उपलब्ध करने में योजना आयोग असफल रहा है तथा शहरी एवं ग्रामीण दोनों क्षेत्रों में रोजगार की उपलब्धता बहुत स्पष्ट नहीं है। नियोजन प्रक्रिया द्वारा रोजगार के अवसरों को सृजित करने का सभी

प्रयास असफल रहा है। सरकार द्वारा शहरी तथा ग्रामीण दोनों क्षेत्रों में रोजगार के अवसर प्रदान करने के लिए उठाये गये सरकारी कदम प्रभावी साबित नहीं हो सका है। अतः लघु उद्योग ही इन अतिरिक्त श्रमिकों को नियोजित करने की क्षमता रखता है।

4. महिला श्रमिकों के लिए विशेष उपयोगी– प्रौद्योगिकी का पक्ष प्रस्तुत करते समय विभिन्न पेशों में लिंग, सहभागिता अनुपात को ध्यान में रखना चाहिए। उदाहरण स्वरूप विभिन्न प्रक्रिया जैसे भवन निर्माण तथा वृक्षारोपन कार्यक्रम में पुरुष श्रमिकों की अपेक्षा महिला श्रमिकों का अनुपात अधिक होना चाहिए। यदि प्रौद्योगिकी के प्रयोग के कारण महिलाओं की सहभागिता अनुपात में कमी आती है तो इससे सामाजिक समस्याएं घटने की बजाय बढ़ेंगी। मशीनों का प्रयोग से महिला रोजगार विपरीत दिशा में प्रभावित न हो इसका ध्यान रखना होगा। अतः स्पष्ट है तकनीक का चुनाव केवल श्रम बनाम पूँजी के आधार पर नहीं होना चाहिये बल्कि महिला श्रमिकों के प्रतिस्थापन प्रभाव को ध्यान में रखकर, इन लघु उद्योगों में विशेष रूप से महिला श्रमिकों की सहभागिता को ओर अधिक बढ़ाया जा सकता है।

बिहार औद्योगिक दृष्टि से एक पिछड़ा हुआ राज्य है इसलिए राज्य का औद्योगिक विकास करके उद्योगों को रोगजार में अंश बढ़ाने का प्रयास किया जाना चाहिए। इसके लिए राज्य में खनन कार्य व लघु उद्योगों तथा विभिन्न प्रकार के कुटीर उद्योगों का विकास करने की संभावनाएँ पर ध्यान दिया जाना आवश्यक है। राज्य की खनिज सम्पदा को विपुल माना गया है। राज्य में हथकरघा क्षेत्र में विकास की व्यापक संभावनाएँ मौजूद हैं। राज्य में कई प्रकार की दस्तकारियों को प्रोत्साहन दिया जा सकता है तथा विद्युत, गैस व जलपूर्ति के क्षेत्र में भी अधिक श्रमिकों को काम दिया जा सकता है। ऐसा करने से औद्योगिक रोजगार में वृद्धि होगी, लोगों की आय बढ़ेगी तथा उनके जीवन स्तर में सुधार होगा। चमड़े की वस्तुओं, गलिचों, हथकरघा की वस्तुओं तथा रत्न आभूषण आदि के निर्यात से अधिक विदेशी मुद्रा अर्जित की जा सकती है। इस प्रकार राज्य में लघु उद्योगों का विकास किया जाना आवश्यक है जिससे रोजगार बढ़ेगा। अनेक चुनौतियों के बावजूद भी उपर्युक्त तर्कों के आधार पर हम कह सकते हैं कि लघु उद्योगों का भविष्य अति उज्ज्वल है। वर्तमान में लघु उद्योग बदली हुई परिस्थितियों के अनुरूप नवीन प्रौद्योगिकी को अपनाकर एवं उत्पादन लागत को कम करके ही बहुराष्ट्रीय कम्पनियाँ तथा विकासशील देशों के उत्पादकों से प्रतिस्पर्धा में अपने को सक्षम कर सकेगा।

निष्कर्ष के तौर पर कहा जा सकता है कि बिहार में लघु उद्योग क्षेत्र सकल घरेलू उत्पादन, औद्योगिक उत्पादन, रोजगार सृजन

एवं निर्यातों में महत्वपूर्ण भूमिका अदा करते हुए अर्थव्यवस्था का महत्वपूर्ण अंग बन सकता हैं। बिहार में विशाल संपदा व योग्यता होने के बावजूद प्रदेश में लघु उद्योग विभिन्न समस्याओं से ग्रस्ति है। जिससे इन उद्योगों की प्रगति की स्थिति संतोषजनक नहीं है। लघु उद्योग क्षेत्र के उद्यमियों को संस्थागत वित्त प्राप्त करने के मार्ग में जिन बाधाओं तथा समस्याओं का सामना करना पड़ता है, वे मुख्यतः बैंकों द्वारा गारण्टी या गिरवी पर जोर, बैंकों का नियमों में बंधा होना, वित्तीय संस्थाओं का सख्त नजरिया, ऊँची ब्याज दरें, जटिल कागज़ी कार्यवाही, व्यवसाय के विकास में सहायक सेवाओं का अभाव एवं वित्त के अलावा अनेक समस्याएँ है। इन समस्याओं का उचित निदान आवश्यक है। जिससे लघु उद्योग बिहार के आर्थिक विकास एवं रोजगार सृजन में योगदान एवं अपनी भूमिका निभा सकें।

ग्राम्य विकासः पंचायती राज

'यदि भारत को जीवित रहना है तो सबसे निचले (ग्रामीण) स्तर से कार्य शुरू करना होगा। यदि उसकी स्थिति खराब होगी तो बाकी के सभी स्तरों पर किया गया काम निष्फल होगा।'

–महात्मा गांधी

अगर देश को विकसित करना है तो सत्ता का विकेन्द्रीकरण करना आवश्यक है। खासकर लोकतंत्र को मजबूत करने के लिए सत्ता का विकेन्द्रीकरण आवश्यक है। लोकतांत्रिक विकेन्द्रीकरण की अवधारणा को मूर्त रूप देने के लिए भारत में आधुनिक पंचायती राज व्यवस्था का जन्म हुआ। इस अवधारणा की मूल मान्यता शासन शक्ति को ग्रामीण तथा निचले स्तरों पर विस्तारित करना है। 'शासन की नीति तथा कार्यक्रमों में सहभागिता तथा क्रियान्वयन, आर्थिक संसाधनों का प्रबंधन तथा बिना उच्च हस्तक्षेप के अपने कार्यों का निर्देशन तथा आयोजन लोकतांत्रिक विकेन्द्रीकरण का मुख्य उद्देश्य है। ग्रामीण क्षेत्रों में जीवन की मुलभूत सुख-सुविधाओं की पूर्ति स्थानीय जनप्रतिनिधियों के माध्यम से करने के लिए पंचायती राज व्यवस्था सर्वश्रेष्ठ पद्धति है।'[1] उन्हीं तथ्यों को ध्यान में रखते हुए 03 अक्टूबर 1959 को नागौर में तत्कालीन प्रधानमंत्री पंडित जवाहर लाल नेहरू ने पंचायती राज योजना का शुभारंभ करते हुए कहा था– स्वतंत्र भारत के ग्रामीण लोगों के हाथों में शासन सत्ता सौंपकर हम विकास के नये आयाम स्थापित कर सकेंगे।

'पंचायती राज व्यवस्थाओं को और अधिक सुदृढ़ तथा प्रभावी बनाने के लिए संसद द्वारा 1992 में पारित 73 वें संवैधानिक संशोधन अधिनियम (जो 26 अप्रैल 1993 में परिवर्तित है) के माध्यम से इन संस्थानों को संवैधानिक दर्जा प्रदान किया गया।'[2]

बिहार में बहुत प्रयास के बाद 2001 में पंचायत चुनाव कराये गये। इसका कार्यकाल समाप्त होने के पश्चात् 2006 में पुनः चुनाव कराये गये। 'नीतीश सरकार ने 2006 में स्थानीय निकायों का पूर्ण गठन कर दिया जिसमें महिलाओं के लिए 50 प्रतिशत आरक्षण की व्यवस्था किया गया। सभी पंचायतों में एससी-एसटी के लिए स्थान आरक्षित किये गये। पिछड़े वर्गों के लिए भी आरक्षण की व्यवस्था की गयी। संविधान की 11 वीं अनुसूची में उल्लेखित विषयों से संबंधित आर्थिक और सामाजिक विकास की योजनायें तैयार कर पंचायतों को विशेष दायित्व सौंपा गया।'[3]

अब तक प्रायः पंचायतों की भूमिका संकुचित अर्थ में ली जाती रहीं थी कि पंचायत का कार्य मात्र आपसी झगड़ों को निपटाना और दोषी व्यक्ति को दण्डित करना है। उस समय ताकतवर व्यक्ति

पंचायत में अपने पक्ष में निर्णय करा लेता था और गरीब एवं कमजोर पक्ष पंचों के निर्णय को परमेश्वर का निर्णय मानने को बाध्य हो जाते थे।

आज के प्रगतिशील एवं प्रतिस्पर्धी युग में पंचायत से अभिप्राय ऐसे व्यक्तियों के समूह अथवा संस्था से है जो परमेश्वर का स्वरूप न होकर आम लोगों में से चुने गए प्रतिनिधि हैं और जिनकी सोच तथा भूमिका ऐसे प्रत्येक कार्य से जुड़ी हुई है जो गाँव को राष्ट्रीय विकास की मुख्यधारा से जोड़ दें। आज सामान्यतः पंचायतों के लिए जो कर्तव्य एवं दायित्व निर्धारित किए गए हैं उनमें आर्थिक विकास एवं न्याय से संबंधित योजनाओं को तैयार करना, आर्थिक विकास एवं सामाजिक न्याय की योजनाओं का क्रियान्वयन, भूमि सुधार, लघु सिंचाई, पशुपालन, मत्स्यपालन, शिक्षा, महिला तथा बाल विकास आदि शामिल है। किन्तु पंचायत की भूमिका को और अधिक व्यवहारिक स्वरूप प्रदान करने की आवश्यकता है ताकि 'पंचायत में चुनें गए नुमाइन्दें ही नहीं अपितु गांव का प्रत्येक व्यक्ति विकास को अपना कर्तव्य एवं दायित्व समझे और गाँव किसी भी मायने में शहर से कम न हो।'[4]

बिहार में वर्तमान समय में ग्राम्य विकास में पंचायती राज की भूमिका निम्नांकित हैं –

साम्प्रदायिक-सद्भाव की स्थापना– गाँव के विकास के लिए शांति और भाईचारे का होना आवश्यक है। जहाँ शांति एवं भाईचारा होगा वहाँ सारे निर्णय परस्पर विचार-विमर्श के माध्यम से बिना किसी विरोध के क्रियान्वित किए जा सकते हैं। जातिगत एवं साम्प्रदायिक आधार पर विमक्त गाँव कभी प्रगति नहीं कर सकता। पंचायती राज से ग्रामवासियों में विश्वास पैदा हुआ है। गाँव के सभी लोग ग्रामसभा के माध्यम से विकास संबंधी योजना तैयार कर काम कर रहें हैं। इस प्रकार पंचायती राज व्यवस्था साम्प्रदायिक- सद्भाव की स्थापना में महत्वपूर्ण भूमिका अदा कर रही है।

बुनियादी विकास– आज पंचायती राज दुनिया की विकास में महत्वपूर्ण भूमिका अदा कर रही है। आर्थिक विकास बुनियादी विकास पर निर्भर करता है। इसलिए आज पंचायत स्कूलों का निर्माण एवं स्कूलों में शैक्षिक गतिविधियों पर लगातार नजर रख रही है। गांवो को शहरों से जोड़ने के लिए सड़कों का निर्माण, जल-नल (पानी), बिजली, चिकित्सा, शौचालयों, सामुदायिक केन्द्रों का निर्माण और परिवहन व्यवस्था पर बल दे रही हैं जिससे गाँवो का विकास तीव्रगति हो सके।

स्वरोजगार का विकास– आज भूमंडलीकृत अर्थव्यवस्था में बेरोजगारी एक गंभीर समस्या बनी हुई है। वास्तव में देखा जाय तो

हमारे देश में जनसंख्या वृद्धि की वार्षिक दर 1.93 प्रतिशत है, जबकि रोजगार वृद्धि की दर 0.98 प्रतिशत है। बिहार की स्थिति और भी दयनीय है। श्रम शक्ति जितनी तेजी से बढ़ रही है, उतनी तेजी से रोजगार अवसर नहीं बढ़ रहे हैं। बिहार की सबसे बड़ी समस्या बेरोजगारी एवं पलायन की है। रोजगार की तलाश में लोग गांव से शहरों की ओर पलायन कर रहे हैं। ऐसी स्थिति में ग्राम पंचायत अपने गाँव में उपलब्ध संसाधनों, लोगों की क्षमताओं एवं आवश्यताओं को ध्यान में रखते हुए स्थानीय स्तर पर रोजगार उत्पन्न करने में अहम भूमिका अदा कर रही है। पंचायतों को चाहिए कि वे गाँवों में स्थित चौपालों या सामुदायिक केन्द्रों में राज्य सरकार के जिला केन्द्रों के अधिकारियों को आमंत्रित करके, ग्रामीण युवाओं के लिए स्वरोजगार प्रशिक्षण कार्यक्रमों का आयोजन करें, जिससे प्रशिक्षण प्राप्त युवा अपने गांवों में ही कोई कार्य शुरू कर सकें। गाँव में पंचायतों के माध्यम से लघु एवं कुटीर उद्योग, हस्तशिल्प उद्योग, पर्यटन उद्योग एवं कृषि आधारित प्रसंस्करण उद्योग को विकसित करके गांव के हर वर्ग और तबके को रोजगार से जोड़ा जा सकता है।

सामाजिक कुरीतियों का निर्मूलन– 'ग्रामीण समाज में कुछ ऐसी कुरीतियाँ विद्यमान हैं जिनके कारण वहाँ के निवासी हमेशा आर्थिक दृष्टि से कमजोर बने रहते है।'[5] ग्रामीण समाज में जागरूकता लाकर बाल-विवाह, अस्पृष्ता तथा बढ़ती जनसंख्या आदि समस्याओं के समाधान में अहम भूमिका अदा कर सकती है।

शोषण से मुक्ति– गाँवों में बन्धुआ मज़दूरी एक प्रमुख समस्या है। 1976 के कानून द्वारा बन्धुआ मजदूरी प्रथा समाप्त कर दी गयी। ग्राम पंचायत ऐसे बन्धुआ मजदूरों का पता लगाने एवं मुक्त कराने, उन्हें उचित उपार्जन के साधन मुहैया करवाने एवं आवासीय व्यवस्था करवाने में अपनी अहम भूमिका अदा कर रही है।

ग्रामीण नेतृत्व का विकास– ग्राम पंचायत गांवों में योग्य एवं चरित्रवान नेतृत्व के विकास में अपना महत्वपूर्ण योगदान दे रही है।

प्रशासन में सहायता– ग्राम पंचायत ग्रामीण प्रशासन एवं नियंत्रण का कार्य करती है और उस दृष्टि से सरकार को सहायता प्रदान करती है।

न्याय की व्यवस्था– ग्रामीणों को शीघ्र एवं सस्ता न्याय दिलाने की दृष्टि से ग्राम पंचायत महत्वपूर्ण कार्य करती है। वे मुकदमे को गांवों में ही निपटाकर ग्रामीणों को आर्थिक संकटों से उबारती है। बिहार जैसे गरीब राज्य के लिए ग्राम पंचायत वरदान साबित हो रही है।

प्राकृतिक विपदाओं में सहायता– बिहार में बाढ़, अकाल, महामारी आदि प्राकृतिक विपदाओं का सामना करना पड़ता है। कष्ट

के इन क्षणों में ग्राम पंचायत लोगों को मदद करती है और कष्ट से न घबराने के लिए प्रेरित करती है।

मनोरंजन का प्रबंध– ग्रामवासियों का जीवन कठिन परिश्रम का है। थकान से मुक्ति एवं ताजगी के लिए मनोरंजन आवश्यक है। ग्राम पंचायत लोगों के लिए खेल–कूद, नाटक, टेलीवीजन आदि कि व्यवस्था कर उन्हें मनोरंजन प्रदान कर सकती है। कला एवं साहित्य के प्रति रुचि पैदा करने एवं उनकी सांस्कृतिक उन्नति करने में ग्राम पंचायत महत्त्वपूर्ण भूमिका निभा रही है।

यातायात की सुविधा– ग्राम पंचायत गांवों में कच्ची एवं पक्की सड़कें बनवाकर गाँवों को बजारों, मण्डियों एवं मुख्य मार्ग से जोड़ती हैं। वे पुरानी सड़कों की मरम्मत करती है, उनपर रोशनी एवं छाया की व्यवस्था करती है।

जनस्वास्थ्य के सुधार एवं रोगों के उपचार में सहायता– ग्राम पंचायत सार्वजनिक स्वास्थ्य को सुधारने, रोगों को दूर रखने, संक्रामक रोगों की रोकथाम कराने, रोगों की चिकित्सा व उपचार करने एवं लोगों के जीवन स्तर को ऊँचा उठाने में महत्त्वपूर्ण भूमिका निम्न नहीं है और स्वास्थ्य संबंधी जानकारी व सूचना गाँववासियों को दे रही है।

नशा मुक्ति– बिहार में शराब बेचने एवं खरीदनें पर रोक लगा दी है। कठोर कानून भी बना दिये गये हैं, लेकिन व्यवहार में बिहार में चोरी–छुपे शराब की बिक्री जोर–शोर से हो रही है। इस समस्या का समाधान ग्राम पंचायतों के माध्यम से किया जा सकता है।

बीज, खाद्य एवं कृषि उत्पादों की विपणन एवं सहकारिता क्षेत्र में ग्राम पंचायत महत्त्वपूर्ण भूमिका अदा करती है।

एस.सी./एस.टी., ओ.बी.सी. एवं महिलाओं में सशक्तिकरण ग्राम पंचायतों के माध्यम से किया जा सकता है। बिहार सरकार ने इन लोगों के सशक्तिकरण के लिए आरक्षण की व्यवस्था की है। 'हमारी पंचायती संस्थाओं में 10 लाख से अधिक महिलाएँ चुनी गयी हैं। जो कुल चयन का 37 प्रतिशत और बिहार में महिलाओं का चयन 54 प्रतिशत तक पहुँच गया है। पंचायती राज में एस.सी./एस.टी., ओ.बी.सी. लोगों को आरक्षण देने से उनका सशक्तिकरण हुआ है तथा स्थानीय सरकार में उनकी भूमिका भी बढ़ी है।[6]

पंचायत क्षेत्र के सभी वर्गों को आर्थिक विकास का लाभ मिले इसके लिए आवश्यक है कि आर्थिक नियोजन की प्रक्रिया विकेन्द्रित हो। स्थानीय जनता तय करे कि उनकी आवश्यकताएँ क्या हैं, वे बतायें कि वहाँ संसाधन उपलब्ध है और उन संसाधनों का उपयोग उनके हित में हो तथा विकास का लाभ उस क्षेत्र में रहने वाले सभी

वर्गों को बिना किसी भेदभाव के मिले। तभी सामाजिक न्याय की स्थापना पंचायतों के माध्यम से सही अर्थों में हो सकती है।

पंचायती राज में विसंगति-

– अधिकांश ग्रामीण अशिक्षित है, अतः वे ग्राम पंचायतों के महत्त्व को नहीं समझ पाते और पंचायत द्वारा किए जाने वाले विकास कार्यों में सहयोग नहीं दे पाते जिससे समाज में जातिवाद एवं वैमनस्यता की वृद्धि हुई है।

– गुटबाजी आदि के कारण योग्य व्यक्ति का चुनकर आना संभव नहीं होता, जिससे गाँव भ्रष्टाचार, दलगत राजनीति तथा भाई-भतीजावाद के अड्डे बन जाते है।

– सरकारी तंत्र इन संस्थाओं पर अपना प्रभुत्व बनाए रखता है जिससे ये अपना मूल उद्देश्य पूरा नहीं कर पाते है।

– अनुत्तरदायी व्यक्तियों का प्रभुत्व

– अपर्याप्त आर्थिक साधन

– बहुमत हितों का बलिदान

– करों का विरोध

– अशिक्षित नेतृत्व

– उचित नेतृत्व न होने से गाँव के निवासियों को ही पंचायत में आस्था नहीं होती है।

– 'एशिया के अधिकांश देशों (भारत समेत) में स्थानीय सरकारें केन्द्रीय सरकार का विस्तान मात्र दिखायी देती हैं। जबकि उन देशों के शासक लोग गला फाड़-फाड़ कर तथा चीख कर यह कह रहे हैं कि स्थानीय स्तर पर जनता को अधिक-से-अधिक जोड़ा जाना चाहिए। लेकिन जो प्रति दिखाई दे रही है वह इसके सर्वथा विपरीत है यानि कि सरकार नौकरशाही के हाथों में सिमटकर तथा सिकुड़कर रह गयी है।'[7]

अतः कहा जा सकता है कि पंचायती राज अधिनियम के माध्यम से भारतीय शासन व्यवस्था में जो ढाँचागत परिवर्तन हो रहा है इससे देश के ग्रामीण विकास की जो सुखद कल्पना की गयी है वह तभी साकार हो सकती है, जबकि पिछले 58 वर्षों के अनुभव का लाभ उठाते हुए इसके मार्ग में आने वाली कटिनाइयों एवं बाधाओं का समय पर आंकलन कर उन्हें चुनौतियों के रूप में स्वीकार करके सभी व्यावहारिक एवं आवश्यक कदम उठाये जाएं। इसके लिए सबल राजनीतिक इच्छा-शक्ति, प्रशासनिक सहयोग, जन-सहभागिता, दृढ़ निश्चय और कठोर अनुशासन का सहारा ली जाय तो निश्चय ही नवीन पंचायती राज व्यवस्था के माध्यम से गांधी जी की रामराज्य की कल्पना साकार हो सकेगी।'[8]

ग्रामीण विकास में उपरोक्त वर्णित तथ्यों के आलोक में निष्कर्ष के तौर पर हम कह सकते हैं कि ग्रामीण विकास में पंचायती राज की अहम भूमिका है। पंचायती राज व्यवस्था को ग्रामीण विकास का प्राण कहा जाय तो अतिशयोक्ति नहीं होगी। वस्तुतः पंचायत व्यवस्था ग्रामीण विकास बजट तैयार करने, प्राकृतिक संकट में साहसपूर्ण कार्य करने, ग्रामीण शैक्षणिक श्रमिकों को संगठित करने, गाँव के विभिन्न कार्य, सांख्यिकीय आंकड़ों को सुधारने, पशुपालन डेयरी और कुक्कुट पालन, मत्स्य पालन, सामाजिक वनों, उद्योगों एवं खादी ग्रामोद्योगों का विकास, ग्रामीण आवास निर्माण, पुलिया निर्माण, रोशनी का प्रबंध, सार्वजनिक ऊर्जा स्रोत तथा गरीबी उन्मूलन, प्राथमिक, माध्यमिक शिक्षा में सुधार करने, वयस्क एवं अनौपचारिक शिक्षा, सांस्कृतिक एवं खेलकूद कार्य, ग्रामीण स्वच्छता एवं पर्यावरण एवं परिवार कल्याण, महिला एवं बाल विकास पदाधिकारी, शारीरिक एवं मानसिक रूप से विकलांग व्यक्तियों का सहयोग करने, अनुसूचित जाति एवं जनजाति का कल्याण, जनवितरण प्रणाली, धर्मशाला, छात्रावास, मदरसा एवं संस्थाओं के निर्माण में महत्वपूर्ण भूमिका अदा करती है। सुझाव के तौर पर यह कहा जा सकता है कि-

1. पंचायती राज के समृद्ध विकास के लिए ग्रामीणों को शिक्षित करना होगा जिससे पंचायत के विकास कार्यों में सहयोग मिलेगा तथा सामाजिक कूप्रथा को भी समाप्त किया जा सकता है।

2. गुटबाजी, भाई-भतिजावाद, एवं भ्रष्टाचार पर लगाम लगाना होगा जिससे अच्छे व्यक्ति पंचायत में चुनकर आ सकेगा।

3. सरकार द्वारा अनुसूचित जाति एवं जनजाति तथा महिलाओं को सशक्त बनाने के लिए विभिन्न प्रकार के प्रशिक्षण का आयोजन करवाकर उन्हें प्रशिक्षित किया जाना चाहिए ताकि प्रशिक्षित होकर ग्रामीण विकास व पंचायती राज में अपनी महत्वपूर्ण भूमिका अदा कर सकेगी। इसके साथ-साथ अपना रोजगार या उद्यम लगा सकेगी, जिससे ग्रामीण क्षेत्रों में रोजगार के अवसर होंगे जिससे व्यक्तियों की आय में वृद्धि होगी, पलायन में कमी आयेगी, तथा ग्राम व पंचायत का भी विकास संभव हो पायेगा।

4. पंचायत समिति के प्रत्येक सदस्य को कृषि, पशुपालन, स्वास्थ्य, सहकारिता, ग्रामीण नियोजत आदि के संबंध में कम-से-कम १५ दिन का गहन प्रशिक्षण दिया जाये जिससे व ग्रामीण विकास की योजना के वास्तविक मूल्य को समझ सकें।

5. प्रत्येक जिले में एक आदर्श पंचायत का निर्माण किया जाए जो जिले के अन्य पंचायतों को एक आदर्श प्रस्तुत करते हुए उनका मार्ग दर्शन करेगी।

पंचायती राज व्यवस्था और
आर्थिक निर्धन वर्ग

73 वें संविधान संशोधन का लक्ष्य, पंचायती राज व्यवस्था में गाँव की सारी आबादी की पूरी भागीदारी सुनिश्चित करना है। आर्थिक उन्नति तथा सामाजिक रूप से पिछड़े वर्ग, अनुसूचित जाति, जनजाति, कमजोर वर्ग, महिलाएँ आदि को गाँव के चहुमुखी विकास में भागीदारी बनाना इसका लक्ष्य है। पंचायतों को दिये गये अधिकारों, जिम्मेदारियों और धन राशि को कोई भी पंचायतों से अलग नहीं कर सकता। प्रत्येक व्यक्ति चाहे वह कितना गरीब क्यों न हो, उस प्रक्रिया में भाग ले सकेगा।

वर्तमान समय कुछ विकसित देश को छोड़कर विश्व के अधिकांश अविकसित एवं विकासशील देशों में निर्धनता पायी जाती है। इन अविकसित देशों में मुख्यतः अफ्रिका तथा एशिया के देश आते हैं, जिसमें भारत भी सम्मिलित है। 'गरीबी का अर्थ उस सामाजिक क्रिया से है जिसमें समाज का एक भाग अपने जीवन की बुनियादी आवश्यकताओं को भी पूरा नहीं कर पाता है। जब समाज का एक बड़ा तबका न्यूनतम जीवन स्तर से वंचित रहता है और केवल निर्वाह स्तर पर गुजारा करता है, तो यह कहा जाता है कि समाज में व्यापक निर्धनता विद्यमान है।'[1] 'इस प्रकार निर्धनता का तात्पर्य समाज की उस परिस्थिति से है जिसमें समाज का बहुत बड़ा भाग न्यूनतम जीवन स्तर से वंचित रहता है तथा केवल निर्वाह स्तर पर अपना गुजारा करता है।'[2]

निर्धनता का संबंध एक न्यूनतम जीवन स्तर से है। लेकिन विभिन्न देशों में न्यूनतम जीवन स्तर की अवधारणा भिन्न होती है। भारत में निर्धनता की अवधारणा न्यूनतम जीवन स्तर माना जाता है। भारत के आर्थिक विकास में निर्धनता खासकर ग्रामीण निर्धनता सबसे बड़ी बाधक एवं अभिशाप है। उसी के बाद यहाँ जब देश में पंचायती राज व्यवस्था की स्थापना किया गया तथा पंचायती राज व्यवस्थाओं को और अधिक सुदृढ़ तथा प्रभावी बनाने के लिए संसद द्वारा 1992 में पारित 73 वें संवैधानिक संशोधन अधिनियम (जो 26 अप्रैल 1993 में परिवर्तित है) के माध्यम से इन संस्थाओं को संवैधानिक दर्जा प्रदान किया गया। संवैधानिक दर्जा मिलने के बाद ग्रामीण क्षेत्र के निर्धन वर्ग के लोगों को सशक्तिकरण करने के लिए पंचायती राज संस्थाओं में उस वर्ग के लोगों को विशेष प्राथमिकता दी गयी है। यह सत्य है कि भारत ने वर्तमान समय में विभिन्न क्षेत्रों में उल्लेखनीय प्रगति की है, लेकिन यह विकास तब तक कोई मायने नहीं रखता जबतक ग्रामीण भारत में रह रहे बहुसंख्यक निर्धन लोगों

को एक अच्छा और सम्मानजनक जीवन-प्रदान करने में सफल नहीं हो जाते हैं। पंचायती राज्य व्यवस्था के संवैधानिक दर्जा मिलने के बाद विगत कुछ वर्षों में ग्रामीण क्षेत्रों के निर्धन लोगों के विकास पर विशेष ध्यान दिया जा रहा ताकि राष्ट्र अपनी सामर्थ को समझ सके और वह दुनिया के देशों की सूची में एक खुशहाल और वैभवशाली भारत के रूप में उचित स्थान प्राप्त कर सकें।

ग्रामीण विकास मंत्रालय ने निर्धन, कमजोर और असहाय वर्गों पर ध्यान केन्द्रित करते हुए ग्रामीण क्षेत्रों में स्थायी विकास सुनिश्चित करने के उद्देश्य से अनेक कार्यक्रम शुरू किये हैं। ग्रामीण क्षेत्र में विकास की गति तेज करने के लिए विकास कार्यों हेतु न केवल धन के आवंटन और संसाधन जुटाने को उच्च प्राथमिकता दी गई है, बल्कि नये कार्यक्रम शुरू करने और वर्तमान में चल रहे कार्यक्रमों के पुनर्गठन को भी प्रमुखता दी गई है। पंचायती राज संस्थाओं के स्तम्भ ग्राम सभा को स्थानीय निकाय की प्रभावी इकाई बनाने और ग्रामीण विकास कार्यक्रमों की योजना और क्रियान्वयन के विकेन्द्रीकरण के लिए उसे एक प्रभावी मंच के रूप में विकसित करने पर जोर दिया गया है।

महात्मा गाँधी ने स्वतंत्र भारत में एक मजबूत पंचायती राज शासन पद्धति का स्वप्न संजोया था, जिसमें शासन कार्य की सबसे प्रथम इकाई पंचायते होंगी। उनकी कल्पना पंचायतों की शासन व्यवस्था की धुरी होने के साथ ही आत्मनिर्भर, पूर्णतया स्वायत्त और स्वावलम्बी होने की थी। स्वतंत्रता के पश्चात् महात्मा गाँधी की इस परिकल्पना को साकार करने हेतु समय-समय पर प्रयास किए गए। कभी ग्रामीण विकास के नाम पर और कभी सामुदायिक विकास योजनाओं के माध्यम से पंचायतों को लोकतंत्र का मूल आधार मजबूत बनाने के लिए उपयोग किया जाता रहा। देश में प्रशासन का विकेन्द्रीकरण करके बुनियादी स्तर पर पंचायती राज की स्थापना और जनता के हाथों में सीधे अधिकार देने की शुरूआत संविधान के 73वें संशोधन अधिनियम के माध्यम से संभव हुई।[9]

ग्रामीण क्षेत्र में निर्धन वर्ग के सशक्तिकरण के लिए उठाये गये कदम-

पंचायती राज व्यवस्था के बाद ग्रामीण क्षेत्र में निर्धन वर्ग के सशक्तिकरण के लिए कदम उठाये गये हैं। 'ग्रामीण क्षेत्र में सरकारी पहल पर गरीबी उन्मूलन कार्यक्रमों को प्रमुखता दी गई है। प्रत्येक वर्ष इन कार्यक्रमों की समीक्षा कर उन्हें प्रभावी ढंग से लागू करने के प्रयास किये गये हैं। देश की औसत आबादी के संबंध में अगर हम देखें तो ग्रामीण गरीबी वर्ष 1973–74 में 56.44 प्रतिशत थी जो घटकर वर्ष 1993–94 में 37.27 प्रतिशत रह गई है। वर्ष 1999–2000

इसमें और गिरावट आई और यह 27 प्रतिशत रह गई है लेकिन यह चिन्ता का विषय है कि अब भी ग्रामीण क्षेत्रों में लगभग 19.20 करोड़ आबादी गरीबी है जिसकी वजह से गरीबी उन्मूलन कार्यक्रमों की समीक्षा और पुनर्गठन किया गया। स्वर्ण जयंती ग्राम स्वरोजगार योजना पहली अप्रैल 1999 को शुरू की गई। यह योजना कार्यक्रम क्रियान्वयन की दृष्टि से पहले की योजनाओं से अलग है।[4]

निर्धनता रेखा से नीचे जनसंख्या						
	निर्धनता अनुपात (प्रतिशत में)			निरपेक्ष संख्या (करोड़ में)		
वर्ष	शहरी	ग्रामीण	अखिल भारत	शहरी	ग्रामीण	अखिल भारत
1973–74	49.9	56.4	54.9	6.0	26.13	32.13
1977–78	45.2	53.1	51.1	.	.	32.89
1983	40.8	45.7	44.5	7.09	25.20	32.29
1987–88	38.2	39.1	38.9	.	.	30.71
1993–94	32.4	37.3	36.0	7.63	24.40	32.03
1999–2000	23.62	27.09	26.10	19.32	19.32	26.02
2007	15.1	21.1	19.3	4.96	17.05	22.01

उपरोक्त तालिका से निम्नलिखित तथ्य स्पष्ट होता है:

1. अखिल भारत में निर्धनता की प्रतिशत में अधिकतम कमी दर वर्ष 1999–2000 तथा न्यूनतम कमी दर वर्ष 1993–94 में देखी गई है।

2. शहरी क्षेत्र में निर्धनता की प्रतिशत में अधिकतम कमी दर वर्ष 1999–2000 तथा न्यूनतम कमी दर वर्ष 1987–88 में देखी गई है।

3. ग्रामीण क्षेत्र में निर्धनता की प्रतिशत में अधिकतम कमी दर वर्ष 1999–2000 तथा न्यूनतम कमी दर वर्ष 1993–94 में देखी गई है।

दसवीं पंचवर्षीय योजना के दस्तावेज में प्रस्तुत योजना आयोग के इन आंकड़ों में बताया गया है कि इन योजना के अंत में सर्वाधिक निर्धनता अनुपात अविभाजित बिहार में होगा। 1999–2000 में उड़ीसा में सर्वाधिक 47.14 प्रतिशत जनसंख्या निर्धनता रेखा से नीचे थी जबकि अविभाजित बिहार में यह 42.6 प्रतिशत थी। योजना के लक्ष्य प्राप्त होने की स्थिति में उड़ीसा में निर्धनता अनुपात 47.15 प्रतिशत से घटकर जहाँ 41.04 प्रतिशत से बढ़कर 43.18 प्रतिशत होना संभावित है। गुजरात, हरियाणा व पंजाब में निर्धनता रेखी से नीचे की जनसंख्या 2 प्रतिशत ही रह जाने की संभावना प्रारूप में व्यक्त की गई है।[5]

योजना आयोग के आकलन में दसवीं पंचवर्षीय योजना के अन्त तक देश में निर्धनता रेखा से नीचे की जनसंख्या जहाँ 19.34 प्रतिशत रहने का अनुमान लगाया गया है, वहीं ग्रामीण व शहरी क्षेत्रों में अलग-अलग यह क्रमशः 21.1 प्रतिशत व 15.1 प्रतिशत था। निरपेक्ष रूप वर्ष 2007 में देश की कुल 22 करोड़ निर्धन जनसंख्या में 17 करोड़ जनसंख्या ग्रामीण क्षेत्रों की व 5 करोड़ से कुछ कम शहरी क्षेत्रों की थी।[6]

इसे एक समग्र स्वरोजगार योजना के रूप में देखा जा सकता है। इसमें ग्रामीण गरीबों को स्वयं सहायता समूह बनाने तथा इनकी क्षमता का निर्माण करने, उन्हें प्रशिक्षण देने, स्लम बस्तियों के क्रियाकलापों की योजनाएँ बनाने, बुनियादी ढाँचा का निर्माण, टेक्नोलॉजी उपलब्ध कराने और विपणन आदि में मदद की जाती है। अब हम कुछ मूलभूत ग्रामीण बुनियादी ढांचे की पहले/प्रयासों के बारे में चर्चा करते हैं जिनके लिए उनके समयबद्ध और प्रभावी कार्यान्वयन के लिए सामुदायिक भागीदारी की आवश्यकता है।

–प्रधानमंत्री ग्राम सड़क योजना, ग्रामीण जलापूर्ति कार्यक्रम, ग्रामीण आवास योजना, स्वर्ण जयंती, ग्राम स्वरोजगार योजना, सम्पूर्ण ग्रामीण रोजगार योजना कपार्ट, हरियाली योजना, ग्रामीण स्वास्थ्य, ग्रामीण विद्युतीकरण एवं दूरसंचार योजना, ग्रामीण रोजगार गारंटी योजना आदि ग्रामीण निर्धनता को दूर करने के लिए चलायी जा रही है। इसके साथ ही साथ पंचायती राज के माध्यम से केन्द्र सरकार और राज्य सरकारें निर्धनता को दूर करने के लिए भिन्न कदम उठा रही है।

सम्पूर्ण ग्रामीण रोजगार योजना– यह योजना वर्ष 2001 में शुरू की गई। इस योजना का उद्देश्य ग्रामीण क्षेत्रों के अतिरिक्त रोजगार मुहैया कराना है। सम्पूर्ण ग्रामीण रोजगार योजना ऐसे सभी ग्रामीण गरीबों के लिए जिन्हें रोजगार की ज़रूरत है और जो गाँव के आस-पास हैं उन्हें काम दिया जाए यह कार्यक्रम पी.आर.आई. के द्वारा किया जा रहा है।

सभी के लिए आवास– 2022 तक 'सभी के लिए आवास' के उद्देश्य को प्राप्त करने के लिए ग्रामीण विकास द्वारा 01 अप्रैल 2016 से प्रधानमंत्री आवास योजना- ग्रामीण को लागू किया गया है। अपवर्जित घरों की पहचान और उन्हें शामिल कर और पूर्ण पारदर्शिता के साथ घरों को समय-सीमा में पूरा करने के लिए पंचायत अधिकारियों द्वारा निर्माण गतिविधियों की सक्रिय और समय पर निगरानी की आवश्यकता होती है।

प्रधानमंत्री वन-धन योजना– स्वयं सहायता समूहों (एस.एच. जी.) ने ग्रामीण नौजवानों, खासतौर पर जनजातीय युवाओं और

महिलाओं को आत्मनिर्भर बनाने और आर्थिक आत्मनिर्भर प्राप्त करने में बड़ी मदद की है। जनजातीय विकास मंत्रालय के ट्राईफेड द्वारा शुरू की गई है। जनजातीय स्वयं सहायता समूहों के कलस्टर गठित करने के लिए उन्हें जनजातीय उत्पादक कंपनियों के रूप में सुदृढ़ करने के लिए बाजार से जुड़े उद्यमिता विकास हस्तनिर्मित उत्पादों के लिए बाजार खोजने के लिए मदद की है। 22 राज्यों में खोले गए 1205 जनजातीय उद्यमों और 18,000 स्वयं सहायकता समूहों में 3.6 लाख जनजातीय संग्रहकर्ताओं को रोजगार के अवसर मिले हैं। दो हज़ार से अधिक उत्पादों जैसे वनों में मिलने वाला शहद, झाड़ू, दोनो, पत्तल, समिधा की लकड़ी, कॉफी, तेजपत्ता, बेल का गुदा जैसी अनेक वस्तुओं की पहचान की गई है जिनकी शहरी भारत के बाजारों में बड़ी मांग है।

इंदिरा आवास योजना– यह योजना की शुरूआत 1990–2000 में शुरू की गई। इस योजना का मुख्य उद्देश्य निर्धन ग्रामीणों को पंचायत के माध्यम से मुफ्त में पक्का-मकान मुहैया करना है।

प्रधानमंत्री ग्रामोदय योजना– यह योजना 2000–01 में शुरू की गई इस योजना का मुख्य उद्देश्य निर्धन ग्रामीणों को प्राथमिक स्वास्थ्य, शिक्षा, आश्रय स्थल, पेयजल, विद्युतीकरण आदि बुनियादि सुविधा पंचायत के माध्यम से मुहैया करना है।

ग्रामीण रोजगार सृजन कार्यक्रम– 1995 में ग्रामीण क्षेत्रों में स्वरोजगार के अवसर पैदा करने के उद्देश्य से यह कार्यक्रम शुरू किया गया। इस कार्यक्रम के द्वारा ग्रामीण स्तर पर रोजगार सृजन किया जाना है। इस योजना के अन्तर्गत अधिकतम 25 लाख रुपये की लागत वाली परियोजना बैंको से ऋण लेकर ग्राम उद्योग स्थापित कर सकते हैं। इससे रोजगार के नए अवसर का सृजन होगा और निर्धनता कम होगी।

प्रधानमंत्री रोजगार योजना– यह योजना 1993 में शुरू किया गया। इस योजना का उद्देश्य शिक्षित बेरोजगार युवाओं को रोजगार के अवसर उपलब्ध कराना है।

अन्तोदय अन्न योजना– यह योजना 2000 में शुरू की गई। इस योजना के अन्तर्गत द्वारा सार्वजनिक वितरण प्रणाली के अन्तर्गत गरीबी परिवारों को दो रुपये प्रति किलो गेहूँ और तीन रुपये प्रति किलो चावल उपलब्ध कराना है। प्रति परिवार खाद्यान्न की मात्रा 25 किलोग्राम प्रतिमाह थी, उसे बढ़ाकर 2001 ई० में 35 किलोग्राम प्रतिमाह किया गया।

अम्बेडकर आवास योजना– यह योजना गंदी बस्ती में रहने वाले गरीब लोगों को मकान उपलब्ध कराना है। इस योजना का एक घटक निर्मल भारत अभियान के अन्तर्गत शौचालयों का निर्माण

करना भी है।

विजन 2020 फॉर इण्डिया– देश में गरीबी रेखा से नीचे जीवन यापन करने वाले व्यक्तियों की दशा में सुधार लाने की दृष्टि से 'विजन 2020 फॉर इण्डिया' नाम से एक महत्वाकांक्षी नीतिगत दस्तावेज केन्द्र सरकार द्वारा तैयार कराया गया है जिसका उद्देश्य एक निश्चित समय सीमा के अन्दर गरीबी रेखा से नीचे रहने वाले लोगों की स्थिति में सुधार करना है ताकि अगले 20 वर्षों में गरीबी रेखा से नीचे का कलंक समाज से पूरी तरह मिटाया जा सके। इस विजन में सफलता भी मिली है लेकिन अभी निर्धन लोगों की स्थिति बहुत ही दयनीय है।

ग्रामीण रोजगार गारंटी योजना– इस योजना के तहत गाँवों के हर परिवार के एक व्यक्ति को कम से कम 100 दिन का रोजगार मिलेगा तथा दिनों की संख्या सौ से ज्यादा भी हो सकती है। यदि काम नहीं दिया जा सकेगा तो उस व्यक्ति को बेरोजगारी भत्ता 500 रुपये प्रति महीने के हिसाब से दिया जायेगा।'[7]

ग्रामीण क्षेत्रों में रोजगार सशक्तिकरण के अवसरों में वृद्धि हुई है, फिर भी आने वाले दिनों में इनमें कुछ खामियाँ भी दिखायी पड़ती हैं जो निम्नलिखित है–

1. ग्राम पंचायत द्वारा ऐसे रोजगार में मजदूरी दर 60 रु प्रतिदिन रखी गयी है जबकि अन्य जगहों में दैनिक मजदूरी 126 रु प्राप्त होता है। अतः इसमें मजदूर शोषण के शिकार होते हैं।

2. इस योजना के कुल लागत से मजदूरी इतनी अधिक जुड़ी है कि केन्द्र कम दर पर मजदूरी तय कर सकता है ताकि ये अपनी राजकोशीय वचनबद्धता (आय–व्यय की समायोजना) युद्ध स्तर पर रख सके।

गरीबी निवारण के तौर पर कहा जा सकता है कि गरीबी रेखा से ऊपर उठाने के लिए बहुआयामी योजना की आवश्यकता है, जो आर्थिक विकास और रोजगार सृजन के साथ-साथ आय एवं सम्पत्ति के न्यायपूर्ण वितरण को प्रोत्साहित करे। इसके लिए निम्नलिखित उपाय अपनाना चाहिए–

– निर्धनों के लिए रोजगार के विशेष कार्यक्रम चलाना।

– श्रम-प्रधान तकनीक को प्रोत्साहित करना।

– ग्रामीण क्षेत्र के कार्यक्रमों को निर्धनों के लिए रोजगार के उत्पत्ति से संबंधित करना चाहिए।

– ग्रामीण क्षेत्रों में लघु एवं कुटीर उद्योगों को बढ़ावा देना।

– सामाजिक जोखिम प्रबंधन प्रणाली का विकास।

– स्वयं सहायता समूहों को गाँव-गाँव, टोले-टोले तक स्थापित होना चाहिए।

– गरीबों को शिक्षित तथा विशेष रूप से रोजगार प्रदान करने वाली तकनीक का प्रशिक्षण देना।

– निर्धनों को आसान शर्त पर ऋण आदि उपलब्ध कराना ताकि कोई उद्यम स्थापित कर सके।

– महिलाओं एवं वृद्धों के लिए विशेष अभियान चलाने।

– गरीबों के बीच बचत की भावना को विकसित करना।

– सूक्ष्म-साख तथा सूक्ष्म-बीमा को बढ़ावा।

– बांगलादेशी नोबेल पुरस्कार विजेता मो॰ यूनुस के साफ्ट लोन पद्धति को अपनाया जाए।

निष्कर्ष के तौर पर कहा जा सकता है कि देश के आर्थिक विकास के उच्च वृद्धि दर सहित प्रति व्यक्ति आय में उच्च वृद्धि की आवश्यकता है। समाज के निर्धन, उपेक्षित तथा अंतिम पंक्ति में खड़े व्यक्ति को समाज की मुख्य धारा में लाने में हम तभी सक्षम हो सकते हैं। जब समाज में योजनाओं के मूल्याकंन, कार्यों की प्राथमिकता, नियोजन, निष्पादन और योजनाबद्ध गतिविधियों की निगरानी के लिए समुदाय की सक्रिय भागीदारी पर बल देती है। पंचायत की एक ऐसी संस्था है जो जमीनी स्तर पर एक खुली और जवाबदेही प्रक्रिया सुनिश्चित करने के लिए आम सहमति प्राप्त कर सकती है। व्यक्ति और समूह अपने विचारों का आदान-प्रदान कर सकते हैं, अपनी बुनियादी ढाँचे की सम्पत्ति के सृजन को बढ़ावा दिया जा सके। इस प्रकार भारत के ग्रामीण क्षेत्र में निर्धन कमजोर वर्ग के सशक्तिकरण करने के लिए पंचायती राज के माध्यम से कार्यक्रम बनाये गये हैं। परंतु इन कार्यक्रमों का सही लाभ तभी मिल सकेगा जब ग्राम पंचायत ईमानदारी पूर्वक गरीबों का चयन कर कार्यक्रम का सही लाभ उन्हें देगी।

आर्थिक विकास में पर्यावरण की भूमिका

मानव अभ्युदय काल से ही अपनी दैनिक आवश्यकताओं की पूर्ति के लिए प्रकृति पर निर्भर रहा है। दिन-प्रतिदिन बढ़ती जा रही मानवीय आवश्यकताओं एवं उनकी पूर्ति के लिए हो रहे निरंतर विकास के फलस्वरूप प्राकृतिक संसाधनों का विदोहन बड़ी तेजी से बढ़ता जा रहा है जिसके फलस्वरूप प्रकृति अपना संतुलन बनाये रखने में स्वयं असमर्थ अनुभव कर रही है। प्रकृति में असंतुलन का प्रत्यक्ष प्रभाव पर्यावरण पर पड़ता है। प्रकृति में असंतुलन का तात्पर्य है पर्यावरण में असंतुलन अर्थात पर्यावरणीय गुणों का ह्रास।[1]

पर्यावरण और अर्थव्यवस्था एक-दूसरे पर निर्भर और एक-दूसरे के पूरक हैं। अतः विकास की प्रक्रिया में पर्यावरण से संबंधित मुद्दों की अनदेखी नहीं होनी चाहिए। जो विकास पर्यावरणीय मुद्दों की अनदेखी करता है, वह स्थायी नहीं हो सकता है। अतः पर्यावरण स्थायित्व टिकाऊ विकास की पूर्व शर्त है।

भारतीय प्रधानमंत्री एवं बिहार के मुख्यमंत्री ने भी कहा है कि विकास तभी टिकाऊ रह सकता है जब वह प्राकृतिक संतुलन की रक्षा करता है। विकास की दौड़ में हमारा पर्यावरण पीछे छूटता जा रहा है। भारत में 6,92,027 वर्ग कि०मी० जंगलों से घिरा है जो कुल क्षेत्रफल का 21.05% है। बिहार 29.52 वर्ग मिलियन कि०मी० से घिरा है। यह चिन्ता का विषय है।[2]

इसे तालिका द्वारा भी देखा जा सकता है:-

तालिका-1

राज्य	जंगल का क्षेत्र वर्ग मिलियन (किलोमीटर में)		
	1993	2005	2005 में परिवर्तन
आंध्र प्रदेश	47.26	45.23	−2.03
बिहार	26.59	29.52	2.93
गुजरात	12.04	14.60	2.56
हरियाणा	0.51	1.60	1.09
हिमाचल प्रदेश	12.5	14.66	2.16
कर्नाटक	32.34	36.20	3.86
केरल	10.34	17.28	6.94
मध्य प्रदेश	135.4	133.65	−1.75
महाराष्ट्र	43.86	50.66	6.80
ओडिशा	47.15	48.75	1.60

पंजाब	1.34	1.66	0.32
राजस्थान	13.1	16.01	2.91
तमिलनाडु	17.73	23.31	5.58
उत्तर प्रदेश	33.96	38.83	4.87
पश्चिमी बंगाल	8.35	12.97	4.62
भारत	640.11	690.17	50.06

(स्रोत योजना मासिक जून-2013, पृ°-34)[3]

इस आंकड़े से स्पष्ट होता है कि बिहार में 1993 के बजाय 2005 में जंगलों का क्षेत्रफल बढ़ा है लेकिन यह पर्याप्त नहीं है। इससे और बढ़ाने की आवश्यकता है।

आज भारत बिहार एवं पूरे विश्व में ग्रीन इकोनॉमी यानि हरित अर्थव्यवस्था की हर अंतर्राष्ट्रीय मंच से बात हो रही है और उसी के जरिये पर्यावरण विकास का हिस्सा बन सकेगा। आज बिहार के विकास में हरित अर्थव्यवस्था की अति आवश्यकता है। ग्रीन इकोनॉमी वह है जिसमें लोगों की अच्छी सेहत ने साथ-साथ सामाजिक समानता हो और वह पर्यावरण के खतरे को कम करने के साथ ही उसकी कमियों को भी दूर करती है। 'यूएनईपी के मुताबिक ग्रीन इकोनॉमी में सार्वजनिक और निजी क्षेत्रों का इस तरह का निवेश होता है कि जो कार्बन उत्सर्जन और प्रदूषण को कम करते हैं, ऊर्जा के स्रोतों की क्षमता को बढ़ाने के साथ उसमें आय और रोजगार का विकास भी होता है।'[4]

बिहार ऊर्जा, आय और रोजगार के दृष्टिकोण से पिछड़ा हुआ राज्य है। अगर बिहार ग्रीन इकोनॉमी को अपनाता है अर्थात् पर्यावरण को संरक्षण करते हुए विकास करता है तो रोजगार एवं आय दोनों में वृद्धि होगी और आर्थिक विषमता में भी कमी आयेगी। इसके साथ ही साथ गरीबी के समाधान में भी मदद मिलेगी। बिहार में सबसे अधिक गरीबी है। गरीब लोग सबसे ज्यादा पर्यावरण पर निर्भर करते हैं। जंगल कटने का असर जितना एक गरीब पर होगा, उतना औरों पर नहीं है। इसीलिए जैव-विविधता का जितनी तेजी से नुकसान होगा उतना ही आदिवासियों/गरीबों के हितों का नुकसान होगा। परिस्थितिक तंत्र से जुड़ी सेवाएँ गरीब आदमी की आय बढ़ाने में मदद करती हैं। इसलिए जैव-विविधता और गरीबी के बीच सीधा संबंध है। जैव-विविधता का बढ़ता नुकसान न सिर्फ गरीबी बढ़ाएगी बल्कि विकास में भी अड़चन पैदा करेगा।

आज बिहार में अधिकांश आदिवासी/गरीब अपनी जीविका के लिए जंगलों पर आश्रित हैं। इसलिए जंगलों पर दवाब लगातार बढ़ रही हैं। जंगल समाप्त होने का एक कारण यह भी है।

जैव-विविधता का नुकसान उन गरीब लोगों के लिए कोई विकल्प नहीं छोड़ेगा जो इस पर निर्भर है। वे या तो दूसरे शहर में जायेंगे या सरकार पर आश्रित रहने को मजबूर हो जायेंगे। इसका जीता-जागता उदाहरण महासागर और दुनियाँ का चौथा सबसे छोटा देश (12 हज़ार जनसंख्या) तुवालू है। जो बदलते वातावरण के खतरों से सीधे-सीधे जूझ रहा है। जमीन के नीचे मौजूद पानी खारा है। खारा पानी फसलों को बर्बाद कर रहा है। पीने के लिए पानी नहीं मिल रहा है। अब पीने के पानी के लिए युद्ध होगा। बिहार में भी 10 करोड़ जनसंख्या को पानी पीने का संकट खड़ा हो सकता है तथा कृषि योग्य भूमि बर्बाद हो सकती है। इसलिए पर्यावरण संतुलन कृषि के लिए महत्त्वपूर्ण है। बिहार एक कृषि प्रधान राज्य है। इसलिए पर्यावरण का महत्त्व अर्थव्यवस्था के विकास के लिए और ज्यादा महत्त्वपूर्ण है। आर्थिक विकास पर्यावरण के बिना बेमानी है।

आर्थिक विकास के साथ पर्यावरण को समायोजित न कर पाने को सबसे गंभीर नतीजे महाराष्ट्र को भुगतान करना पड़ रहा है। वहाँ आज भी भयंकर सूखा पड़ता है। लोग पानी के बूंद-बूंद के लिए तरस रहे हैं। किसान आत्महत्या कर रही है। इस सूखा से किसान के अतिरिक्त जानवरों से लेकर चिड़िया तक को गंभीर खतरा उत्पन्न हो गया है।

बिहार की अर्थव्यवस्था में पर्यावरण का इसलिए भी महत्त्व है कि बिहार का कोशी क्षेत्र बाढ़ से हमेशा प्रभावित रहता है। अगर वन का विकास किया जाय तो वन भू-क्षरण को रोकते हैं। नदियों के प्रवाह को नियमित कर बाढ़ नियंत्रण के लिए इनका उपयोग किया जाता है। वन पशु-पक्षियों का वन्य जीवों को आश्रय एवं भोजन उपलब्ध कराते हैं। वन विभिन्न उद्योगों को कच्चे माल आपूर्ति करते हैं। गोंद, लाख, कत्था, रबर, शहद तथा विभिन्न प्रकार की औषधियों वनों से प्राप्त होता है। वन से पर्यावरण शुद्ध होता है तथा राज्य के आय में भी योगदान देता है।

बिहार की अर्थव्यवस्था में पर्यावरण के योगदान को देखते हुए मुख्यमंत्री नीतीश कुमार ने पूरे बिहार को हरित प्रदेश बनाने का संकल्प लिया है। इसके लिए बिहार सरकार द्वारा कार्य भी किये जा रहे हैं। जो निम्नांकित हैं :-

- 1.05 करोड़ पौधे, 56 पौधाशालाओं में उगाए गए।

- 10.534 हे° प्राकृतिक वनों में कुल 150.68 लाख वृक्षारोपण।

- 293 कि०मी० नहर किनारे तथा 311 कि०मी० सड़क किनारे वृक्षारोपण।

- 23 मई 2012 को अंतर्राष्ट्रीय 'जैव विविधता' आयोजित।

- विश्व पर्यावरण दिवस (05 जून, 2012) के अवसर पर

संजय गाँधी जैविक उद्यान, पटना को 'पोलीथीन मुक्त' क्षेत्र घोषित।

• 02 अगस्त को रक्षा बन्धन के अवसर पर वृक्षों 'रक्षा-सूत्र' में बाँधकर सांकेतिक रूप से वृक्ष तथा पर्यावरण की रक्षा करने का संकल्प। यह 191 स्थलों पर सम्पन्न।

• 09 अगस्त को राज्य के 2,755 विद्यालयों में बिहार पृथ्वी दिवस का आयोजन किया गया। इस अवसर पर विद्यार्थियों ने पर्यावरण रक्षा संकल्प के साथ विद्यालयों में कुल 34,187 पौधे लगाये।[5]

• भारत सरकार ने पर्यावरण एवं वन मंत्रालय द्वारा बिहार को वर्ष 2008 के लिए संयुक्त रूप से 'इन्दिरा प्रियदर्शनी वृक्ष पुरस्कार' का प्रथम विजेता घोषित किया गया।

• राज्य सरकार द्वारा NTC के साथ MOV पर दिनांक-2 सितम्बर, 2009 को हस्ताक्षर।

• राज्य बैम्बु मिशन के तहत वर्ष 2008–09 में 300 हे॰ तथा वर्ष 2009–10 में 1090 हे॰ बांस वनरोपण।[6]

उपरोक्त उपाय बिहार सरकार द्वारा पर्यावरण के संरक्षण के लिए किए गये हैं वह उपाय पर्याप्त नहीं है। पर्यावरण संरक्षण के लिए निम्न सुझाव दिए जा सकते हैं:-

• प्रदूषण फैलाने वाले उद्योगों को नहीं लगाया जाना चाहिए।

• उद्योगों को पर्यावरण के अनुकूल वस्तुओं का उत्पादन करना चाहिए।

• पोलोथीन के उत्पादन पर रोक लगाना चाहिए।

• पर्यावरण सुरक्षा के बारे में हर गाँव, हर विद्यालय, हर महाविद्यालय एवं विश्वविद्यालय में कार्यक्रम का आयोजन किया जाना चाहिए।

• जनसंख्या वृद्धि पर रोक, इको मार्क, पर्यावरण और विकास पर नीतिगत कार्यक्रम अपनाए आदि।[7]

अगर सरकार उपरोक्त सुझाव को ध्यान में रखकर विकास नीति बनाये तो पर्यावरण के साथ विकास किया जा सकता है लेकिन अगर सरकार की उदासीनता रही है और समय रहते हुए पर्यावरण संरक्षण के लिए उपाय नहीं किए गये तो बिहार में व्यापक पैमाने पर जान-माल की क्षति होना निश्चित है और बिहार 2008 के कोशी त्रासदी एवं 2013 में उत्तराखण्ड जैसी आयी त्रासदी को बिहार को पुनः झेलने के लिए तैयार रहना चाहिए। 'कुदरत से छेड़-छाड़ बिगाड़ रहा नदियों का मिजाज जो बना रहा त्रासदी का आधार'[8]

निष्कर्ष के तौर पर कहा जा सकता है कि अगर बिहार ग्रीन इकोनॉमी (हरित अर्थव्यवस्था) पर्यावरण संरक्षण को अपनाते हुए आर्थिक विकास करता है तो बिहार के आर्थिक विकास में

पर्यावरण का योगदान महत्त्वपूर्ण होगा। ग्रीन इकोनॉमी से अच्छे सेहत के साथ-साथ सामाजिक समानता स्थापित होगा। आर्थिक विषमता में कमी आयेगी। ऊर्जा के स्रोत बढ़ेंगे, आय एवं रोजगार में वृद्धि होगी, गरीबी में कमी आयेगी, बाढ़ से बचा जा सकता है। पानी की कमी दूर होगी, किसान खुशहाल होंगे तथा 2008 के कोशी त्रासदी एवं 2013 के उत्तराखण्ड की त्रासदी जैसी घटनाओं में कमी आयेगी, उग्रवाद में कमी आयेगी। जानवर, चिड़िया से लेकर इन्सान तक का जीवन सुरक्षित एवं खुशहाल होगा।

गरीबी उन्मूलन और पशुपालन

स्वतंत्रता प्राप्ति के बाद से ही गरीबी को समाप्त करने का प्रयास किया जा रहा है। पाँचवी पंचवर्षीय योजना का प्रमुख उद्देश्य गरीबी उन्मूलन था। उसके बाद छठी, सातवीं, आठवीं, नवीं एवं बारहवीं योजना में भी गरीबी समाप्त करने का प्रयास किया गया है। परन्तु कहावत है कि मर्ज बढ़ता गया ज्यों-ज्यों दवा की, कुछ यही हालत गरीबी हटाओ कार्यक्रम की भी हो रही है। आज हालत यह है कि अन्न के बिना लोग भूखे मर रहे हैं और सर्वोच्च न्यायालय को सरकार को आदेश देना पड़ा कि जो अनाज गोदाम में सड़ रहे हैं उन्हें गरीब जनता में बाँट देना चाहिए। गरीबी और भूखमरी से लोग दम तोड़ रहे हैं, सरकार को विवश होकर खाद्य सुरक्षा कानून को पास करना पड़ा।

1947 ई॰ से ही देश में निर्धनों को भोजन उपलब्ध कराने के लिए जन-वितरण प्रणाली लागू की गयी थी। लेकिन यह योजना भ्रष्टाचार की भेंट चढ़ गई है। इस योजना से केवल खाना-पूर्ति हो रही है। इस योजना में जन-वितरण प्रणाली के दुकानदार मालों माल हो गया और गरीब गरीब ही रह गया। इसलिए सरकार द्वारा कैश-ट्रांसफर यानी नगदी हस्तांतरण योजना कुछ राज्यों के कुछ जिलों में शुरू की गयी है। एक बड़ा ही गंभीर प्रश्न है कि जिन लाभार्थियों तक राशन पहुँच रहा है क्या उनके आर्थिक स्तर में भी कुछ सुधार आया है? इस प्रश्न का न तो सरकार के पास उत्तर है और न ही कोई अनुसंधान किया गया है।

अंगेजी में एक कहावत है 'द पुअर नीड ए रॉड, नॉट फिश' इसका अर्थ हुआ गरीब को मछली नहीं, बल्कि मछली पकड़ने वाले कांटे की ज़रूरत होती है जिससे वह स्वयं अपने लिए मछली पकड़ सके। मछली देने का अर्थ है- उसे परावलंबी बनाना, जबकि कांटा देने का अर्थ है उसे स्वाबलंबी बनाना। फिलहाल जो भी योजनाएँ है चाहे वह जन-वितरण प्रणाली हो या मिड डे मील हो या फिर खाद्य सुरक्षा हो सभी गरीबों को परावलंबी बनाने वाली योजनाएँ हैं। इसका परिणाम यह हो रहा है कि अरबों-खरबों खर्च करने के बाद भी गरीबी बढ़ती ही जा रही है।"

बिहार देश का एक ऐसा राज्य है जो सबसे गरीब है रघुराजन कमिटी के रिपोर्ट से भी स्पष्ट होता है कि अल्प विकसित राज्य में बिहार का स्थान दूसरा है। 'प्रति व्यक्ति आय राष्ट्रीय औसत के आधे से भी कम है, बिहार की जनसंख्या 10 करोड़ के लगभग है, लेकिन साधन उपलब्धता बहुत कम। 2000–2001 में बिहार की प्रति व्यक्ति G.D.P. 3649.8 रुपये था, जबकि भारत का 11625.2 रुपये।

बिहार के लोगों की वार्षिक आय वर्तमान में राष्ट्रीय औसत आय का करीब एक तिहाई है। देश में गरीबी रेखा के नीचे रहने वाले लोगों का प्रतिशत था जबकि बिहार में यह 42.6 प्रतिशत था।[1] उतरी बिहार की ग्रामीण जनसंख्या करीब 51 प्रतिशत तो दक्षिणी बिहार में 46.2 प्रतिशत गरीबी रेखा के नीचे जीवन वसर कर रहा था। गरीबी का ऊँचा प्रतिशत एवं निम्न प्रति व्यक्ति आय विकास को अवरुद्ध करता है। बचत कम होती है, पूँजी निर्माण कम होता है। कृषि का आधुनिकीकरण एवं उसमें निवेश प्रभावित होता है तथा औद्योगिक विकास एवं विस्तार के लिए अवसर नहीं मिल पाता है। फलतः गरीबी का दुश्चक्र बना हुआ है।[2]

प्रश्न उठता है कि इसका समाधान क्या है? इस प्रश्न का उत्तर ढूंढा जाय तो इसका उत्तर बहुत पहले महात्मा गाँधी द्वारा दिया जा चुका है। महात्मा गाँधी द्वारा ग्राम स्वराज का जो चित्र खींचा गया है उसमें गरीबी उन्मूलन का सीधा फॉर्मूला दिया गया है। स्वतंत्रता प्राप्ति से लेकर आज तक बिहार में जनसंख्या का एक बहुत बड़ा हिस्सा 90 प्रतिशत गाँवों में निवास करता है। बिहार में प्रत्यक्ष या अप्रत्यक्ष रूप से वह आजीविका के लिए 73 प्रतिशत लोग खेती पर निर्भर करता है तथा G.D.P. में 95 प्रतिशत हिस्सा है। गाँधी जी ने खेती और पशुपालन को जोड़कर देखने की सलाह दी थी। उनका मानना था कि खेती और पशुपालन में अन्योन्याश्रित का संबंध है। लेकिन दुर्भाग्य की बात है कि देश में जो हरित क्रांति की गई, पूँजीवादी तकनीक ने अंधानुकरण की नीतियों के कारण उसमें पशुओं की भूमिका लगभग न्यूनतम थी। पशुओं के स्थान मशीनों और रसायनों ने ले लिया। इसका लाभ तो मिला परंतु गरीबों को नहीं, केवल बड़े किसान जिनके पास काफी जमीन थी उसने उठाया। उल्टा जो गरीब किसान थे उनको महँगाई और मशीनीकरण व रसायनीकरण के कारण खेती की बढ़ती लागत ने उनकी कमर तोड़ दी और कर्ज में डूबते चले गये और इसका परिणाम यह हुआ कि किसान ने आत्महत्या करना शुरू कर दिया है। "बिहार राज्य में भूमि का वितरण काफी असमान है। छोटे एवं सीमांत किसानों की संख्या अत्यधिक है, लेकिन वे भूमि के कम हिस्से के मालिक हैं। राज्य में लगभग 88.5 प्रतिशत किसान सीमांत एवं छोटे किसान के श्रेणी में है। जबकि बिहार में 4 प्रतिशत बड़े किसान हैं जिनके पास राज्य की 64 प्रतिशत भूसंपदा है। राज्य में लगभग 1100 लोग ऐसे हैं जिनके पास 500 एकड़ भूमि से अधिक है।[3]

भारत का इतिहास बतलाता है कि जब से मानव सभ्यता का विकास हुआ तभी से कृषि के साथ-साथ मछली पालन, पशु पालन, डेयरी आदि की गतिविधियों मानव जीवन का एक अभिन्न

अंग रही है। यह देश एवं राज्य के अर्थव्यवस्था में महत्त्वपूर्ण योगदान ही नहीं दिया है बल्कि प्रकृति की संतुलन भी बनाए रखा है। पारंपरिक, सांस्कृतिक तथा धार्मिक विश्वासों ने भी इन गतिविधियों को बनाए रखा है। इन गतिविधियों से विशेषकर ग्रामीण क्षेत्रों में रहने वाले भूमिहीन, छोटे और सीमांत किसानों तथा महिलाओं को लाभ पहुँचाया है तथा रोजगार सृजन में महत्त्वपूर्ण भूमिका निभायी है, लाखों लोगों को सस्ता और पोषण युक्त भोजन उपलब्ध कराया है। भारत और बिहार में प्राचीन काल से ही मानव की निर्भरता पशुधन पर रहा है। 'यही कारण है कि भारत विश्व में सबसे बड़ा पशुधन संख्या वाला देश है। कृषि मंत्रालय के आँकड़ों के अनुसार देश में विश्व के 56.8 प्रतिशत भैंसे तथा 14.5 प्रतिशत गोपशु है। देश में लगभग 716 लाख भेड़ें तथा 1405 लाख बकरियाँ तथा लगभग 111 लाख सुअर हैं।'[4]

'बिहार में भी दूध देने वाले मवेशियों की संख्या काफी अधिक है। राज्य में करीब 304 लाख दूध का उत्पादन प्रतिदिन होता है। जानवरों की संख्या राज्य में करीब 600 लाख है।'[5]

इसके साथ ही साथ पर्याप्त जल संसाधनों के कारण बिहार में मछलीपालन की अपार संभावनाएँ मौजूद हैं। बिहार जैसे कृषि प्रधान राज्य में पशुपालन, डेयरी और मछलीपालन क्षेत्र की राज्य की अर्थव्यवस्था और सामाजिक-आर्थिक विकास में महत्त्वपूर्ण भूमिका है तथा बिहार में G. D. P. में इसका योगदान बहुत अधिक है। उपरोक्त तथ्यों से स्पष्ट होता है कि पशुपालन द्वारा बिहार में गरीबी उन्मूलन किया जा सकता है। यदि पशुपालन को पंचवर्षीय योजना द्वारा योजनापूर्वक विकसित किया जाय तो न केवल बड़ी संख्या में लोगों को रोजगार मिलेगा बल्कि बिहार में कुपोषित बच्चों एवं लोगों को पोषक आहार भी प्राप्त होगा। पशुपालन में भी भेड़े, बकरी और मुर्गियों के पालन से गाय का पालन अधिक लाभकारी है। चूँकि बिहार में शाकाहारी लोगों की संख्या अधिक है। मांस एवं फलों पर खर्च की अपेक्षा दूध पर अधिक खर्च होता है।

'पशुपालन और विशेषकर गोपालन का गरीबी उन्मूलन से संबंध आज संयुक्त राष्ट्र भी समझाने लगी है। संयुक्त राष्ट्र के खाद्य व कृषि संगठन ने एक रिपोर्ट जारी की है जिसमें कहा गया है कि खेती में गायों के उपयोग से गाँवों की गरीबी दूर की जा सकती है। गायों से प्रति हेक्टेयर उपज बढ़ाई जा सकती है और वह भी बिना जमीन खराब किये। किसानों को न केवल अतिरिक्त आय हो सकती है बल्कि यह कृषि के संभावित खतरों को भी कम करती है और उसकी बचत को बढ़ाती है। कुछ वर्ष पूर्व रवांडा में गाय से गरीबी उन्मूलन का एक सफल प्रयोग किया गया है। ऐसा ही

एक प्रयोग वियतनाम में भी किया गया है।'6 भारत देश के गुजरात में भी एक ऐसा ही प्रयोग किया गया है वहाँ जनजातीय क्षेत्र के किसानों को गोशालाओं से निःशुल्क बैल दिए गए। इससे लागत घटी और किसानों की आय बढ़ी है। अब इन किसानों को गाय देने की योजना है।

गाय से मिलने वाले गोबर व मूत्र से खाद और कीट नियंत्रक बनाए जा रहे हैं। ग्रीन हाऊस प्रदूषण का सबसे बड़ा स्रोत है। गोबर खाद के प्रयोग से हम प्रदूषण से बच सकते हैं इसकी एवज में कार्बन फुटप्रिंट के रूप में देश को अतिरिक्त आय भी हो सकता है। गोबर खाद से की जाने वाली खेती में पानी की आवयकता रासायनिक खेती की तुलना में एक चौथाई।

बिहार में 86.4 प्रतिशत गाँवों में निवास करता है, 73.0% लोग कृषि पर आश्रित है, 42.6% करीब गरीब रेखा से नीचे जीवन यापन कर रहा है। ऐसी परिस्थिति में 'गाय गाँवों में कुटीर उद्योग को भी बढ़ाने में सहायक हो सकता है। आज गाय के गोबर से कई प्रकार के उत्पाद बनाए जा रहे हैं, जो न केवल काफी उपयोगी है, बल्कि वे पर्यावरण के अनुकूल भी है। अनेक गोशालाओं में इस पर कई प्रयोग हुए हैं। वर्तमान समय में गाय के गोबर एवं मूत्र से निम्नलिखित वस्तुएँ बनाई जा रही है-मच्छररोधी क्वायल, डिस्टेंपर, नहाने का साबुन, फेस पाऊडर, धूप स्टिक व धूप काठी, हवन सामग्री, समिधा, पूजन लेप, गोमयकड़े, मुक्ता पाऊडर, मूर्तियाँ, पौधे के लिए गमले, दंत मंजन, बिजली आदि गोमूत्र से भी अनेक वस्तुएँ बनाई जा रही है- अर्क, फिनाईल, ग्लास क्लीनर, नेत्र ज्योति, कर्ण सुधा, धनबटी, मुँहपका पशुओं के अन्य रोगों की दवाएँ, विभिन्न कीट नियंत्रक, आफ्टर शेव लोशन, मरहम, बाम इत्यादि। इसके अतिरिक्त गोमूत्र का चिकित्सा में उपयोग तो आज विश्व प्रसिद्ध हो चुका है। इसपर गोवर्धन केन्द्र नागपुर ने अमेरिका में कई पेंटर भी लिए है।'7

उपरोक्त उपयोगिता को देखते हुए माननीय मुख्यमंत्री नीतीश कुमार ने 'राज्य में कुल 101 करोड़ की लागत पर पशु विकास की योजना स्वीकृत किया है। योजना के तहत फ्रोजेन सीमेन बैंक-सह-बुल स्टेशन, पटना को सुदृढ़ीकरण, 600 Thawing Machine का क्रय, लोक निजी भागीदारी पर 2500 पशुधन विकास केन्द्र की स्थापना। 3.96 करोड़ की लागत पर कुल 44 इकाई दुग्ध संग्रहण केन्द्रों का निर्माण प्रक्रियाधीन। 02 करोड़ के लागत व्यय पर कुल 400 इकाई कृत्रिम गर्भाधान केन्द्र की कम्फेड द्वारा स्थापना, 714 दुग्ध उत्पादन सहयोग समितियों का गठन तथा राज्य में वित्तीय वर्ष 2012–17 के लिए कुल 102 करोड़ रुपये की लागत पर पशु चिकित्सा

प्रशिक्षण केन्द्र की स्थापना के लिए प्रथम चरण में 10 करोड़ की स्वीकृति ।[8]

'बिहार में सूखे की स्थिति के कारण मवेशियों के लिए चारे की कमी नहीं हो, इसके लिए पशुचारा बीज पर 50% अनुदान। इस हेतु 3.95 करोड़ की स्वीकृति। राज्य में सभी जीर्ण-शीर्ण प्रथम श्रेणी पशु चिकित्सालयों, औषधालयों में नव-निर्माण। जीर्णोद्धार के लिए 82.65 करोड़ रुपया राशि उपलब्ध।[9]

निष्कर्ष के तौर पर कहा जा सकता है कि बिहार जैसे अल्पविकसित एवं कृषि प्रधान राज्य में पशुपालन और डेयरी क्षेत्र की राज्य की अर्थव्यवस्था और सामाजिक आर्थिक विकास में महत्त्वपूर्ण भूमिका है तथा बिहार के G.D.P. में इसका योगदान महत्त्वपूर्ण है। पशुपालन द्वारा बिहार में गरीबी उन्मूलन किया जा सकता है तथा कुपोषित होने से बच्चों को बचाया जा सकता है। यदि पशुपालन को पंचवर्षीय योजना द्वारा योजनापूर्वक विकसित किया जाय तो न केवल बड़ी संख्या में लोगों को रोजगार मिलेगा बल्कि आय में भी वृद्धि होगी एवं लोगों को पोषक आहार भी प्राप्त होगा। पशुपालन में भी भेड़ें, बकरी और मुर्गियों के पालन से गाय का पालन अधिक लाभकारी है। पशुपालन का गरीबी उन्मूलन से संबंध आज संयुक्त राष्ट्र भी समझने लगा है। इसलिए बिहार में गरीबी उन्मूलन को समाप्त करने के लिए पशुपालन को बढ़ावा देने की आवश्यकता है। सरकार को इसके लिए सकारात्मक प्रयास करने की आवश्यकता है।

पर्यटन उद्योग और बिहार

बिहार का अतीत बड़ा ही गौरवशाली रहा है। ऐतिहासिक, धार्मिक एवं सांस्कृतिक सभी मामलों में भारत ही में नहीं दुनियाँ में भी इसकी अपनी अलग पहचान है। इसलिए तो सूफी, विद्वान और फिल्मकार मुजफ्फरअली ने दिनांक-24 मई, 2013 टूरिज्म हेरिटेज एंड हॉस्पिटलिटी कांफ्रेस में कहा है कि 'बिहार के पत्थर में भी हुस्न है। बस यह डर है पत्थर दिल, दिल इन्सान न हो जाए। उन्होंने कहा कि बिहार से मोहब्बत की खुशबू आती है। मोहब्बत को नजर अंदाज नहीं करें सारी दुनिया इसकी प्यासी है। कहीं वह खरा सिक्का है जो पर्यटन के क्षेत्र में आगे ले जा सकता है।'[1]

पर्यटन का मतलब सिर्फ विरासतें देखना नहीं है, बल्कि इन्सानों में घुलमिल जाना और एक-दूसरे को समझना भी है। बिहार में सूफी के बड़े-बड़े विद्वान हुए। सभी ने ज़िन्दगी का मतलब बताया कि दिल में खुशबू पैदा करना। इसी खुशबू से लोग खिंचे चले आते हैं। आज कई पर्यटन स्थल खुशबू पैदा नहीं कर पा रहे हैं और बहुत सारे पर्यटन स्थल अविकसित हैं। कई पर्यटन स्थल ऐसे हैं जिनका अभी तक न तो पुरातात्विक विभाग और न ही सरकार इसकी खोज खबर ले रही है। अगर पर्यटन उद्योग को विकास करना है तो धर्म की संकुचित रेखा से बाहर निकलने की आवश्यकता है।

बिहार में पर्यटन उद्योग की असीम संभावनाएँ मौजूद हैं। 'यह एक ऐसा राज्य है, जहाँ सभी धर्मों, परम्पराओं, रुचिओं के लोगों के लिए पर्यटन के अनुकूल अवसर तथा स्थल मौजूद हैं। यहाँ के रीति-रिवाज, रहन-सहन, संस्कृति, परम्पराएँ आदि हमेशा विदेशी एवं देशी यात्रियों को आकर्षित करते आ रहा है। बिहार की धरती मनोरम पहाड़ियों, नदियों, झरनों, प्राचीन स्मारकों, धार्मिक स्थलों आदि से भरा पड़ा है परन्तु पुरातात्विक विभाग एवं सरकार की उदासीनता के कारण देख-भाल के अभाव में अपनी अधोगति को प्राप्त कर चुका है या गुमनामी अंधेरे में खो गया है।'[2]

दिनांक-24 मई, 2013 को होटल मोर्या, पटना में कांफ्रेस ऑन टूरिज्म हेरिटेज हॉस्पिटलिटी में बिहार राज्य धार्मिक न्यास बोर्ड के अध्यक्ष आचार्य किशोर कुणाल ने कहा है कि 'राज्य में मौजूद खास ऐतिहासिक मंदिरों का विकास करके इन्हें पर्यटन स्थल के रूप में विकसित किया जा सकता है। बिहार में मुंडेश्वरी मंदिर में सैंकड़ों वर्ष पुराने शिलालेख मिले हैं। देश में ऐसा कोई दूसरा मंदिर नहीं है जहाँ से शिलालेख मिले हों। इस मंदिर में रोप-वे बनवाकर और मंदिर पर शिखर लगवाकर इसे विकसित किया जा सकता है। इसके अलावे कई मंदिर हैं जिन्हें विकसित करने की आवश्यकता है।

बिहार का छठ पर्व अनोखा है देव (औरंगाबाद) मंदिर सहित कई सूर्य मंदिर हैं जिन्हें विकसित कर छठ पर्व को पर्यटन की दृष्टि से आकर्षक बनाया जा सकता है।[3]

पटना से 30 कि०मी० की दूरी पर इस्लाम धर्म का गढ़ मनेर में स्थित है। 13 वीं शताब्दी की दरगाह यही है, जिसे बड़ी दरगाह कहा जाता है। यहाँ राज्य ही नहीं बल्कि राज्य से बाहर से भी हज़ारों हिन्दू-मुसलमान अपनी श्रद्धा व्यक्त करने आते हैं लेकिन आज भी अविकसित है इसको विकसित करने की आवश्यकता है।

सहरसा की मत्स्यगंधा झील आज सरकार की उदासीनता एवं देख-रेख के अभाव में अपनी अधोगति को प्राप्त कर चुका है। खगड़िया का कसरैया धार अपनी मनोरम छटा के बावजूद प्रशासनिक उदासीनता का शिकार बना हुआ है। सासाराम में शेरशाह का मकबरा अपना आकर्षण खो रहा है। जमालपुर, मुंगेर की मनोरम पहाड़ियाँ पत्थर माफिया के सामने बौना नजर आता है। भागलपुर का कर्णगढ़ बेजुबान है। नालंदा विश्वविद्यालय का खण्डर, बिहार शरीफ में मखदुम साहेब की दरगाह, बक्सर का किला, पूर्णियाँ का पूरण देवी मंदिर, पावापुरी में जलमंदिर, मुंगेर का भीमबांध, बेगुसराय में नौलागढ़ का टीला, सिवान में द्रोणगढ़, जहानाबाद में बराबर पहाड़ पर शिव मंदिर, मधेपुरा में 5 कि०मी० पर सिंहेश्वर मंदिर, शिकलीगढ़ बनमनखी आदि इसके साथ ही साथ अब भी पाटलिपुत्र (पटना), गया, राजगीर, नालन्दा, वैशाली में अनेक ऐसे स्थल हैं जो बौद्ध धर्म, जैन धर्म, बौद्ध संघ और स्वयं भगवान बुद्ध की जीवन लीलाओं से अविच्छिन्न रूप से जुड़े हैं। ऐसे स्थलों की पहचान अब तक नहीं हो पायी है। अगर भारतीय पुरातत्व सर्वेक्षण और बिहार पुरातत्व निदेशालय दिलचस्पी ले तो भगवान बुद्ध से जुड़े स्थलों की खोज की जा सकती है और नयी बातें सामने आ सकती हैं।

इस प्रकार हम कह सकते हैं कि बिहार में पर्यटन उद्योग की भारी संभावनाएँ मौजूद हैं। अगर भारतीय पुरातत्व सर्वेक्षण और बिहार पुरातत्व निदेशालय एवं सरकार दिलचस्पी दिखाये तो बिहार के आर्थिक विकास में पर्यटन उद्योग महत्त्वपूर्ण भूमिका निभा सकती है। पर्यटन उद्योग के विकास से भारी संख्या में रोजगार का सृजन होगा। रोजगार के लिए बिहार से जो लोग अन्य राज्यों में जाते हैं उनका पलायन रुकेगा।

जब लोगों को रोजगार मिलेगा इससे आय में वृद्धि होगी। खासकर विदेशी पर्यटक से विदेशी मुद्रा का अर्जन होगा तथा दूसरे राज्य के पर्यटक भी बिहार आयेंगे।

इतना ही नहीं पर्यटन स्थल के अभाव में यहाँ के लोग दूसरे राज्य में पर्यटन के लिए जाते हैं तथा पैसा खर्च करते हैं, इससे

हमारे राज्य का पैसा दूसरे राज्य में चला जाता है। लेकिन अगर पर्यटन उद्योग का विकास हो तो इसे रोका जा सकता है।

पर्यटन उद्योग के विकास से अन्य उद्योगों का भी विकास होगा। बिहार में कई छोटे-छोटे उद्योग विकसित होंगे। जैसे- होटल, परिवहन, खाद्य एवं प्रसाधन, बागवानी आदि उद्योग का विकास होगा।

बिहार सरकार भी अब इस बात को समझ रही है कि 'अगर राज्य को विकसित बनाना है तो कृषि के साथ पर्यटन उद्योग के विकास पर भी ध्यान देना होगा। इसी कड़ी में बिहार सरकार ने पर्यटन उद्योग को बढ़ावा देने के लिए कुछ कदम उठाये हैं, पटना संग्रहालय का प्रकाश संयोजन एवं इलेक्ट्रोनिक सुरक्षा व्यवस्था का आधुनिकीकरण, चन्द्रधारी संग्रहालय, दरभंगा परिसर में थीमेटिक पार्क का निर्माण, पटना में गंगा नदी में 48 सीटर वातानुकूलित फ्लोटिंग रेस्तरां, पर्यटन सुरक्षा बल का गठन, बोधगया में राज्य होटल प्रबन्धन संस्थान की स्थापना, पर्यटनों की सुविधा के लिये बिहार राज्य पर्यटन विकास निगम द्वारा वोल्वो बसों का संचालन, गंगा रिबर-क्रूज, जल मार्ग द्वारा बटेश्वर से स्थान तक परिभ्रमण की व्यवथा, पाँच सितारा होटल।'[4]

'विश्व प्रसिद्ध हरिहर क्षेत्र मेला का नये ढंग से आयोजन, बिहार के महत्त्वपूर्ण पर्यटक स्थलों में 360° Virtual Tour सुविधायुक्त अंतर्राष्ट्रीय स्तर के बेवसाईट www.bihartourism.gov.in का शुभांरभ पटना के गंगा नदी के दियारा पर मनोरंजन स्थल एवं फूड प्लाजा का निर्माण, सूफी सर्किट में अवस्थित पर्यटक स्थलों के विकास हेतु लगभग 10 करोड़ की योजना कार्यान्वित, सूफी, जैन, शक्ति एवं बुद्ध सर्किट में मार्गीय सुविधाओं के विकास हेतु 32 करोड़ की योजना स्वीकृत आदि।'[5]

सरकार पर्यटन उद्योग के लिए राशि खर्च कर रही है जिसका परिणाम भी सकारात्मक हुई है 'वर्ष 2006 में बिहार में आने वाले देशी पर्यटकों की संख्या-1,06,70,268 एवं विदेशी पर्यटकों की संख्या-94,446 थी वर्ष 2008 में देशी पर्यटकों की संख्या बढ़कर-1,21,95,590 एवं विदेशी पर्यटकों की संख्या बढ़कर-3,56,446 हो गयी।'[6] 2012 में बढ़कर 11 लाख हो गई है। पर्यटकों के बढ़ती संख्या को देखकर मुख्यमंत्री नितीश कुमार ने भी कहा है कि 'बिहार में पर्यटन की अपार संभावनाएँ है। तथा इस उद्योग में निजी निवेश पर बल दिया है। पर्यटन मंत्री सुनील कुमार पिन्टु ने कहा कि राज्य के पुराने मंदिरों को भी पर्यटन से जोड़ा जायेगा।'[7] बिहार में पर्यटन उद्योग के भारी संभावनाएँ एवं विकास के बीच कुछ समस्याओं एवं चुनौतियाँ है जिसको समय रहते हुए समाधान करने की आवश्यकता है :—

- यातायात, संवादवाहन के साधनों का अभाव।
- सड़क, बिजली एवं होटलों का अभाव।
- वर्तमान में सरकार द्वारा पर्यटन उद्योग पर कम व्यय।
- पर्यटन स्थल पर धोखाधड़ी, लूट-पाट, ठगी, अपहरण, बलात्कार, उग्रवाद की समस्या।
- प्रशिक्षित गाईडों का अभाव।
- कानून व्यवस्था की समस्या।
- नशा उन्मूलन

उपरोक्त समस्याओं का समाधान प्राथमिकता के आधार पर किया जाय तो बिहार में पर्यटन उद्योग की भारी संभावनाएँ मौजूद हैं। सरकार की अगर दृढ़ इच्छाशक्ति हो तो यह केवल आर्थिक विकास का प्रमुख स्रोत ही नहीं बल्कि अंतर्राष्ट्रीय जगत में बिहार की एक अलग पहचान होगी। यही कारण है कि दिनांक-24 मई, 2013 को राजगीर के वीरायतन से आई जैन धर्म की साध्वी सम्प्रज्ञा ने कहा कि 'बिहार दुनिया को प्रेम का संदेश दे सकता है। बिहार की धरती से ही प्यार, स्नेह, करुणा, मैत्री का संदेश फैला है। जैन धर्म के 24 तीर्थकरों में 22 का संबंध बिहार से है। बिहार के लोग श्रम में विश्वास करते हैं। इसलिए महावीर को श्रवण कहा जाता है। बिहार की धरती को अनेक महापुरुषों ने स्पर्श किया है। अमृतसर से आए शिरोमणि गुरुद्वारा प्रबंधक कमेटी के प्रचारक सतवंत सिंह ने कहा कि बिहार की विरासत खास है। मुख्यमंत्री नितीश कुमार ने भी स्वीकार किया है कि बिहार में पर्यटन उद्योग की भारी संभावनाएँ मौजूद हैं।'[8]

महिला सशिक्तिकरण और उद्यमिता

महिला सशक्तिकरण से तात्पर्य आर्थिक, सामाजिक, राजनीतिक एवं सांस्कृतिक क्षेत्रों में प्रत्येक स्तर पर निर्णयन प्रक्रिया में महिलाओं को सम्मिलित करने से है। एक समय था जब महिलाओं को जटिल बौद्धिक कार्यों के लिए अनुपयुक्त माना जाता था। मगर आज महिला बौद्धिक क्षमता वाले कार्यों में पुरुषों के बराबर ही बल्कि कई मामलों में आगे भी निकल चुकी हैं। भारत में महिला उद्यमिता की ओर रुझान और राष्ट्रीय आय में उनका योगदान लगातार बढ़ता जा रहा है, आधुनिक प्राद्यौगिक के उपयोग, निवेश, निर्यात बाजार में अपनी उपस्थिति दर्ज करने, बड़ी मात्रा में रोजगार सृजित करना तथा संगठित क्षेत्र में अन्य महिला उद्यमियों की भूमिका अग्रणी रही है, महिला उद्यमियों ने अपनी सम्भाव्यता को तो सिद्ध कर दिया है। एक आकलन के अनुसार भारत में महिला उद्यमियों का हिस्सा कुल उद्यमियों का 10% है और इसमें प्रतिबर्ष वृद्धि हो रही है। अगले पाँच वर्षों के भीतर यह हिस्सा 20% तक बढ़ सकता है, ग्रामीण क्षेत्रों में नावार्ड समर्थित स्वयं सहायता समूहों के माध्यम से स्वयं का उद्यम चलाने वाली महिला उद्यमियों की सफलताएँ बढ़ रही हैं। इन उपलब्धियों को उन्होंने अपने पारिवारिक दायित्वों को पूरा करते हुए हासिल किया है।

इस आलेख में पुरुषों के ऊपर महिलाओं की श्रेष्ठता, कॉर्पोरेट जगत के शीर्ष पर भारतीय महिलाएँ, भारत में लघु उद्योग क्षेत्रांक में महिलाओं की भागीदारी आदि पर चर्चा किया गया है।

पुरुषों के ऊपर महिलाओं की श्रेष्ठता-

1. नेटवर्क एवं सम्बन्ध स्थापित कर पाने की श्रेष्ठता

2. सम्बन्धों को बनाए रखने के लिए शक्तिशाली बन्धें को विकसित कर पाने की श्रेष्ठता

3. ग्राहकों, कर्मचारियों व अधिकारियों के साथ बेहतर संबंध विकसित कर पाने की श्रेष्ठता।

4. सहयोगी की एक ऐसी टीम विकसित कर पाने की श्रेष्ठता जो हर कदम पर उनका सहयोग करती है।

महिलाएं बेहतर उद्यमी हो रही हैं, ऐसा निम्नलिखित कारणों से हो रहा है-

1. स्थायित्व- महिलाएं अपनी क्रियाओं में जल्दी-जल्दी बदलाव नहीं करतीं तथा पहले से स्थापित उद्यम को ही विकसित करने में अपनी ऊर्जा खपाती हैं।

2. सीखने की त्वरित प्रवृति- महिलाओं में किसी भी नई

जानकारी को शीघ्रता से सीख लेने की प्रवृति पायी जाती है।

3. परिवर्तनों को अंगीभूत करने की प्रवृति- परिवर्तित परिस्थितियों के अनुरुप उद्यम में आवश्यक समायोजन करने में सक्षम।

4. सकारात्मक दृष्टिकोण- महिलाओं का दृष्टिकोण प्रायः सकारात्मक होता है। वे अपने सहयोगियों के विचारों एवं सुझावों को ध्यान से सुनती हैं।

5. स्पष्टवादिता- पुरुषों की तुलना में महिलाएं अधिक स्पष्टवादी होती हैं।

लन्दन स्थित औरोड़ा तथा न्यूजर्सी स्थित कैलीयर ने यू.के. तथा संयुक्त राष्ट्र अमरीका में महिला नेताओं एवं उद्यमियों के डी.एन.ए. का अध्ययन करके पाया कि महिला उद्यमी अत्यधिक विश्वासोत्पादक होती हैं, वे समस्याओं के समाधन तथा निर्णयन हेतु समावेशी प्रकार दलोभिमुख तरीका अनदेखी करके अधिक जोखिम उठाने के लिए तैयार रहती हैं।

भारतीय कार्पोरेट जगत् की महिला उद्यमियों की उपलब्धियों से अन्य महिलाओं को भी इस जटिल क्षेत्रा में आगे जाने की प्रेरणा मिली है। इनकी सफलताओं के कतिमय उदाहरण निम्न प्रकार है-

1. डॉ किरण मजूमदार शॉ- बायोकॉन की मुख्य कार्यकारी अधिकारी, भारत की सबसे बड़ी बायोटेक कम्पनी बायोकॉन की संस्थापक, बायोकॉन सिर एवं गर्दन के कैंसर की औषधि बनाने वाली पहली भारतीय कम्पनी है। डॉ. शॉ को 1989 में पद्मश्री तथा 2005 में पद्मभूषण से सम्मानित किया गया।

2. श्रीमती सुलज्जा फ्रिफरोदिया मोटवानी- कायनेटिक इंजीनियरिंग एवं कायनेटिक फाइनेन्स की संयुक्त प्रबन्ध निदेशक।

3. सुश्री अनुराध देसाई- 1800 करोड़ रुपये की सम्पत्ति वाली विश्व की दूसरी सबसे बड़ी अण्डा उत्पादक कम्पनी वेंकटेश्वर/हैचरीज की अध्यक्ष।

4. सुश्री विद्या छावड़िया- जम्बो समूह कम्पनियों की अध्यक्ष।

5. सुश्री रितु कुमार- भारतीय फैशन उद्योग का अग्रणी नाम। रितुकुमार ने भारत के हस्त निर्मित परिधनों को अन्तर्राष्ट्रीय फैशन बाजार में एक सम्मानजनक स्थान दिलाया।

6. डॉ. अमृता पटेल- राष्ट्रीय दुग्ध विकास बोर्ड की अध्यक्ष तथा प्रबन्ध निदेशक ने भारत में दुग्ध विकास को नए आयाम दिए हैं।

1. प्रियंका मल्होत्रा- पुस्तक प्रकाशन।

2. भावना बिड़ला- फैशन डिजाइनर।

3. राजश्री बिड़ला- सामुदायिक एवं ग्रामीण विकास हेतु आदित्य बिड़ला केन्द्र की अध्यक्ष।

भारत के कार्पोरेट जगत् में तो महिला उद्यमियों ने अपनी नेतृत्व क्षमता, प्रबन्ध क्षमता और निर्णयन क्षमता का लोहा मनवाया ही है। लघु उद्योग में उनकी उपलब्धियों को कमतर करके नहीं मापा जा सकता। भारत सरकार की एक रिपोर्ट के अनुसार भारत में कुल 9,95,144 लघु उद्योग उद्यम महिलाओं द्वारा प्रबन्धित है, जिसमें सर्वाधिक उद्यम केरल राज्य में है (13.82 %), दूसरे स्थान पर तमिलनाडू (13.09 %), तीसरे स्थान पर कर्नाटक (10.17 %)। इसी प्रकार नितान्त महिलाओं वाले उद्यमों की संख्या 1063733 है, जिसमें से 13.08 % केरल में, 12.20 % उद्यम तमिलनाडू में तथा 9.69 % कर्नाटक में है। इस सर्वेक्षण से यह तथ्य स्पष्ट हो जाता है कि महिला साक्षरता तथा महिला उद्यमिता के बीच प्रत्यक्ष संबंध है। केरल में शत-प्रतिशत महिलाएं साक्षर हैं। केरल राज्य सरकार ने महिलाओं के लिए व्यवसायिक शिक्षा के अनेक पाठ्यक्रम प्रारम्भ किए हैं। परिणाम सामने है। महिलाओं द्वारा प्रबन्धित तथा नितान्त महिला उद्यमों की सर्वाधिक संख्या केरल राज्य में ही है। तमिलनाडू तथा कर्नाटक में भी लगभग यही स्थिति है। उत्तर प्रदेश, बिहार, मध्य प्रदेश- जैसे बड़े राज्यों में चूँकि महिला साक्षरता दर नीची है तथा उनमें प्रबन्धकीय और तकनीकी कौशल की कमी है। इसलिए वे स्वयं का उद्यम स्थापित करने की बात सोच भी नहीं पातीं। राष्ट्रीय महिला कोष से वितरित की जाने वाली आर्थिक सहायता का एक बड़ा हिस्सा केरल, तमिलनाडू, कर्नाटक तथा महाराष्ट्र में चला जाता है।

भावी युक्तिः-

पारम्परिक रूप से महिला उद्यमियों को स्वयं का उद्यम स्थापित करने, उसे कुशलता के साथ संचालित करने, उत्पादित माल की बिक्री करने और उस पर अपना स्वामित्व बनाए रखने में अनेक बाधाओं का सामना करना पड़ता है। इन बाधाओं को दूर करने के लिए निम्नलिखित उपाय अपनाए जाने की आवश्यकता है–उद्यम को प्रारम्भ करने तथा संचालित करने के लिए प्रोत्साहन देना।

- परिवार से प्रेरणा और सहायता।

- सरकारी एवं अर्द्ध सरकारी तथा गैर सरकारी संगठनों से महिलाओं को तकनीकी व प्रबन्धकीय प्रशिक्षण दिलाना।

- ग्रामीण एवं अर्द्धशहरी क्षेत्रों में महिला उद्यमिता समूह बनवाना और उन्हें मजबूती प्रदान करना।

- स्वयं-सहायता समूह एवं अन्य संगठन उद्यमिता हेतु महिलाओं को न केवल तकनीकी जानकारी मुहैया कराते हैं, वरन् उन्हें स्वयं का उद्यम स्थापित करने के लिए प्रेरित भी करते हैं।

उच्च शिक्षित प्रशिक्षित तकनीकी दृष्टि से मजबूत और पेशेवर दक्ष महिलाओं को स्वयं का उद्यम स्थापित करने तथा संचालित करने के लिए प्रेरित किया जाना चाहिए। युवा महिलाओं में छुपी अविदोहित निपुणता की पहचान करके उसके अनुरूप महिलाओं को प्रशिक्षित करके औद्योगिक क्षेत्रों में उत्पादकता संवृद्धि हेतु विभिन्न प्रकार के उद्यमों में महिलाओं को स्वयं का उद्यम स्थापित करने के लिए आवश्यक सुविधाएं प्राथमिकता के आधार पर प्रदान की जानी चाहिए। उद्यमिता मूल्यों को प्रत्येक उत्साही महिला को सिखाने तथा व्यवसाय से जुड़ी जटिलताओं से निपटने हेतु उन्हें सक्षम बनाने के लिए एक वांछनीय वातावरण की आवश्यकता है। भारत में महिला उद्यमिता हेतु कतिपय उद्योग/व्यवसाय निम्न प्रकार हैं-

1. पर्यावरण मित्रवत प्रौद्योगिकी,

2. जैव-प्रौद्योगिकी,

3. सूचना प्रौद्योगिकी जनित उद्यम

4. समारोह प्रबन्धन,

5. पर्यटन उद्योग

6. दूरसंचार

7. प्लास्टिक का समान

8. वर्मीकल्चर

9. मिनरल जल,

10. रेशम कीटपालन,

11. पुष्पोत्पाद

12. औषधीय एवं गन्धयुक्त पौधों की खेती तथा प्रसंस्करण,

13. खाद्य, फल एवं सब्जी प्रसंस्करण

सम्पोषणीय विकास के लक्ष्यों को प्राप्त करने के लिए महिला उद्यमियों का सशक्तिकरण आवश्यक है। व्यवसाय में महिलाओं की समग्र सहभागिता को बढ़ाने तथा इस दिशा में आने वाली समस्त बाधाओं को दूर किया जाना चाहिए। महिला उद्यमियों को प्रशिक्षित करने के साथ-साथ सूचना यन्त्रों का प्रसारण मेलों एवं प्रदर्शनियों में उनके उत्पादों के प्रदर्शन की व्यवस्था करने जैसे उपाय भी उद्यमिता विकास में उल्लेखनीय भूमिका निभा सकते हैं। महिलाओं में उद्यमिता को प्रोन्नत करना, त्वरित आर्थिक संवृद्धि एवं विकास का एक शार्टकट है। इसे अपनाया जाना चाहिए। आवश्यकता इस बात की है कि लैंगिक भेदभाव की सभी सम्भावनाओं को समाप्त करते हुए महिलाओं को पुरुषों के समकक्ष लाकर राष्ट्र निर्माण में उनकी भूमिका को साकार किया जाना चाहिए।

भारतीय उद्यमी महिलाओं को समझ लेना चाहिए कि निम्नलिखित चार तत्व उन्हें नित्य नई ऊँचाईयों की ओर ले जा सकने में महत्वपूर्ण भूमिका निभाएँगे–

1. साहसी बनो

2. बाह्य समर्थन खोजें और उसका उपयोग करें

3. स्वयं को दोषी मानना बन्द करें

4. जीवन में कुछ ऐसा करें जिसे लोग याद करें।

निष्कर्ष के तौर रह कहा जा सकता है कि प्रत्येक महिला एक सम्भाव्य शक्ति है उसम नेतृत्व एवं प्रबन्ध की क्षमता का अपार भण्डार है, अपनी योग्यता तथा कार्यक्षमता का बेहतर इस्तेमाल करने में सक्षम है, अत्यधिक विश्वासोत्पादक है वे समस्याओं के समाधान तथा निर्णयन हेतु समावेशी प्रकार दलोभिमुख तरीका अपनाती है, इतना ही नहीं वे नियमों की अनदेखी करके अधिक जोखिम उठाने के लिए तैयार रहता है। दूर–दृष्टि, कठिन मेहनत और पक्का इरादा से महिला उद्यमी अपनी मार्ग प्रशस्त करते हुए नया इतिहास लिखने के लिए तत्पर है।

महिला और उद्यमिता

'महिलाओं के सशक्तिकरण से अच्छे परिवार, अच्छे समाज और अंततः अच्छे राष्ट्र का विकास होता है।'

–डॉ. अब्दुल कलाम

बिहार जैसे पिछड़े राज्य में महिलाओं की स्थिति आर्थिक, सामाजिक एवं राजनीतिक तीनों दृष्टिकोण से अच्छी नहीं है। लेकिन महिलाओं के सशक्तिकरण पर चर्चा से पहले आंकड़े पर गौर करना जरूरी है। वर्ष 2012–13 में सरकार के विभिन्न विभागों द्वारा कुल व्यय का 26.6 प्रतिशत महिलाओं से जुड़ी योजनाओं व कार्यक्रम पर खर्च हो रहा था। यह खर्च 2017–18 में बढ़कर 44.2 प्रतिशत हो गया। राज्य बजट में कुल खर्च में वर्ष 2012–13 में महिलाओं की हिस्सेदारी 10 प्रतिशत थी जो 2017–18 में बढ़कर 19.2 प्रतिशत हो गयी। महिलाओं से जुड़ी योजना के तीव्रगति से विकास के लिए बिहार सरकार धन राशि का प्रबंध कर रही है। वही नये वर्ष में सरकार महिला उद्यमिता से जुड़ी योजनाओं पर अपने को केन्द्रित करेगी। महिलाओं को और सशक्तिकरण के लिए बिहार में महिला (श्रीमती रेणु देवी) को उप-मुख्यमंत्री बनाया गया है। नए वित्तीय वर्ष में सरकार महिला सशक्तिकरण के तहत महिला उद्यमिता पर फोकस करेगी। इसके तहत उन्हें अधिकतम दस लाख रुपये तक उद्यम स्थापित करने हेतु सरकार द्वारा उपलब्ध कराये जाएंगे। इसमें पांच लाख रुपये अनुदान के रूप में होंगे।

पुरुषों के ऊपर महिलाओं की श्रेष्ठताः

1. नेटवर्क एवं सम्बन्ध स्थापित कर पाने की श्रेष्ठता।

2. सम्बन्धों को बनाए रखने के लिए शक्तिशाली बन्धें को विकसित कर पाने की श्रेष्ठता।

3. ग्राहकों, कर्मचारियों व अधिकारियों के साथ बेहतर संबंध विकसित कर पाने की श्रेष्ठता।

4. सहयोगी की एक ऐसी टीम विकसित कर पाने की श्रेष्ठता जो हर कदम पर उनका सहयोग करती है।

पुरुषों की तुलना में महिला निम्नलिखित कारणों से बेहतर उद्यमी साबित हो रही है:-

1. सीखने की त्वरित प्रवृति- महिलाओं में किसी भी नई जानकारी को जल्द ही सीख लेने की प्रवृति।

2. परिवर्तनों को अंगीभूत करने की प्रवृति-परिवर्तित परिस्थितियों के अनुरूप उद्यम में आवश्यक समायोजन करने में सक्षम।

3. सकारात्मक दृष्टिकोण– महिलाओं का दृष्टिकोण प्रायः सकारात्मक होता है। वे अपने सहयोगियों के विचारों एवं सुझावों को ध्यान से सुनती हैं।

4. पुरुषों की तुलना में महिलाएं अधिक स्पष्टवादी होती हैं।

सशक्तिकरण हेतु महिला उद्यमियों को प्रशिक्षणः

– निसबड, नोएडा संस्थान ने वर्ष 2013–14 में 32701 महिलाओं को प्रशिक्षण कराया है जो उक्त वर्ष के दौरान भिन्न-भिन्न प्रशिक्षण कार्यकलापों के माध्यम से कुल भागीदारों का अधिकांशतः 33 प्रतिशत है।

– एनआई– सूलमऊ, हैदराबाद ने वर्ष 2013–14 में 6,648 महिलाओं को प्रशिक्षण प्रदान किया है।

– आईआईई गुवाहाटी ने वर्ष 2013–14 में 13,750 महिलाओं को प्रशिक्षण प्रदान किया गया।

उपरोक्त प्रशिक्षण में बिहार के विभिन्न जिलों के महिला उद्यमियों ने भी प्रशिक्षण प्राप्त की।[1]भारतीय कार्पोरेट जगत् की महिला उद्यमियों की उपलब्धियों से बिहार की महिलाओं को इस जटिल क्षेत्र में आगे जाने की प्रेरणा मिली है। इनकी सफलताओं के कतिपय उदाहरण निम्न प्रकार हैं–

1. डॉ. किरण मजूमदार शॉ– बायोकॉन की मुख्य कार्यकारी अधिकारी, भारत की सबसे बड़ी बायोटेक कम्पनी बायोकॉन की संस्थापक, बायोकॉन सिर एवं गर्दन के कैंसर की औषधि बनाने वाली पहली भारतीय कम्पनी है। डॉ. शॉको 1989 में पद्मश्री तथा 2005 में पद्मभूषण से सम्मानित किया गया।

2. श्रीमती सुलज्जा फिरोदिया मोटवानी–कायनेटिक इंजीनियरिंग एवं कायनेटिक फाइनेन्स की संयुक्त प्रबन्ध निदेशक।

3. सुश्री अनुराध देसाई– 1800 करोड़ रुपये की सम्पत्ति वाली विश्व की दूसरी सबसे बड़ी अण्डा उत्पादक कम्पनी वेंकटेश्वर/हैचरीज की अध्यक्ष।

4. सुश्री विद्या छावड़िया– जम्बो समूह कम्पनियों की अध्यक्ष।

5. सुश्री रितु कुमार– भारतीय फैशन उद्योग का अग्रणी नाम रितु कुमार ने भारत के हस्त निर्मित परिधनों को अन्तर्राष्ट्रीय फैशन बाजार में एक सम्मानजनक स्थान दिलाया।

6. डॉ. अमृता पटेल– राष्ट्रीय दुग्ध विकास बोर्ड की अध्यक्ष तथा प्रबन्ध निदेशक ने भारत में दुग्ध विकास को नए आयाम दिए हैं।

7. प्रियंका मल्होत्रा– पुस्तक प्रकाशन।

8. भावना बिड़ला– फैशन डिजाइनर।

9. राजश्री बिड़ला– सामुदायिक एवं ग्रामीण विकास हेतु

आदित्य बिड़ला केन्द्र की अध्यक्ष।

भारत में महिला उद्यमिता हेतु कतिपय उद्योग व्यवसाय निम्न प्रकार हैं- जनित उद्यम, समारोह प्रबन्ध, पर्यटन उद्योग, दूरसंचार, पर्यावरण मित्रावत् प्रौद्योगिकी, जैव-प्रौद्योगिकी, सूचना प्रौद्योगिकी, प्लास्टिक का समान, वर्मीकल्चर मिनरल जल, रेशम कीटपालन, पुष्पोत्पाद, औषधीय एवं गन्धयुक्त पौधें की खेती तथा प्रसंस्करण, खाद्य, फल एवं सब्जी प्रसंस्करण।

बिहार में महिलाओं को सशक्त बनाने के लिए कई विभागों को जोड़ा जा रहा-

महिलाओं को सशक्त बनाने के लिए बिहार में चलने वाली योजनाएं किसी एक महकमे से संचालित नहीं हो रहीं। एक साथ कई महकमे को सरकार ने सशक्तिकरण के काम में जोड़ा हुआ है। महादलित समुदाय की महिलाओं को सशक्त करने के लिए स्वयं सहायता समूहों का निर्माण और पोषण रणनीति के तहत मुख्यमंत्री नारी ज्योति कार्यक्रम को लाया गया है। कृषि क्षेत्र में महिला उत्पादक समूहों को गठित किया गया है। नवांकुर ग्राम उद्यम कार्यक्रम के तहत ग्रामीण नवांकुर महिला उद्यमियों को प्रशिक्षण देने और फिर उन्हें उद्यम चुनने का विकल्प दिया जाता हैं। जीविका समूह को विस्तारित किया गया है। सात निश्चय कार्यक्रम के तहत आरक्षित रोजगार महिलाओं का अधिकार कार्यक्रम शुरू हुआ और 2016 से ही सरकारी सेवाओं में नियुक्ति को ले महिलाओं के लिए 35 फीसदी आरक्षण की व्यवस्था की गयी है। समाज कल्याण, स्वास्थ्य और ग्रामीण विकास विभाग तो अपने बजट का पचास प्रतिशत से अधिक हिस्सा महिलाओं पर खर्च करता है।

महिला सशक्तिकरण से तात्पर्य आर्थिक, सामाजिक, राजनीतिक एवं सांस्कृतिक क्षेत्र में प्रत्येक स्तर पर निर्णयन प्रक्रिया में महिलाओं को सम्मिलित करने से है। एक समय था जब महिलाओं के जटिल बौद्धिक कार्यों के लिए अनुपयुक्त माना जाता था। मगर आज महिलाऐं बौद्धिक क्षमता वाले कार्यों में पुरुषों के बराबर ही नहीं बल्कि कई मामलों में आगे भी निकल चुकी हैं। भारत एवं बिहार में महिला उद्यमिता से राष्ट्रीय/राज्य आय में उनका योगदान लगातार बढ़ाता जा रहा है, आधुनिक प्राद्योगिकी के उपयोग, निवेश, निर्यात बाजार में अपनी उपस्थिति दर्ज करने, बड़ी मात्रा में रोजगार सृजित करना तथा संगठित क्षेत्र में अन्य महिला उद्यमियों की भूमिका अग्रणी रही है।

आजादी के सात दशक गुजर जाने के बाद भी उद्यमिता और कौशल विकास को लेकर राष्ट्र की आवश्यकता के अनुरूप एक जमीनी और प्रायोगिक रणनीति की कमी महसूस की जा रही थी।

प्रधानमंत्री श्री नरेन्द्र मोदी के नेतृत्व में वर्तमान सरकार ने 2015 में राष्ट्रीय कौशल विकास और उद्यमिता नीति के जरीय इस दिशा में बड़े बदलावों की आधारशिला रखी और आज राष्ट्र तेजी से आत्मनिर्भरता के जिस लक्ष्य की ओर अग्रसर है, उसमें स्टार्टअप, उद्यमिता और कौशल विकास की महत्त्वपूर्ण भूमिका रही है।[2]

आवधिक श्रमशक्ति सर्वेक्षण (पी.एल.एफ.एस.) के अंतर्गत वर्ष 2018–19 के सर्वेक्षण के अनुसार भारत की 59.7 प्रतिशत ग्रामीण महिलाएँ स्वरोजगार में लगी हैं, 11 प्रतिशत नियमित मजदूरी या वेतन प्राप्त करती हैं वहीं 29.3 प्रतिशत आकस्मिक श्रमिक का काम करती हैं। ग्रामीण भारत में स्वरोजगार में संलग्न लोगों में से 84 प्रतिशत बिना किसी श्रमिक की मदद के खुद ही काम करने वाले मजदूर और नियोक्ता है जबकि केवल 37 प्रतिशत महिलाएँ इस श्रेणी में आती हैं। ग्रामीण भारत में स्वरोजगार में लगी महिलाओं में से 63 प्रतिशत अपने ही कुटीर उद्योग में हेल्पर की तरह कार्य करती है।[3]

आजादी के उपरांत सरकार एवं कई संस्थाओं द्वारा महिलाएँ को सशक्त बनाने के लिए कहीं शिक्षा से जुड़ी तो कहीं अधिकारों से जुड़ी अनेको योजनाएँ चलाई गयी। आज प्रत्येक जगहों पर महिलाएँ पुरुष को बराबर की टक्कर देती नजर आ रही हैं। आज, बदले हुए परिदृश्य में महिलाएँ शिक्षाविदों, राजनीति, प्रशासन, सामाजिक कार्यों और अन्य गतिविधियों के विभिन्न क्षेत्रों में भी बेहतर प्रदर्शन कर विश्व स्तर पर अपनी देश के नाम रौशन कर रही हैं। अब महिलाओं में बढ़ती जागरूकता से उद्यमशीलता उनके लिए एक नया क्षेत्र उभर कर सामने आ रहा है। जिससे वे अपने पेशे को प्राप्त कर आत्मनिर्भर हो सकें। जनगणना से पता चला की अभी अशिक्षित लोगों को संख्या बहुत अधिक है और उनमे से 65 प्रतिशत लड़कियां हैं। वहीं शहरी क्षेत्र में महिला शिक्षित की 72.99 प्रतिशत तो वही ग्रामीण क्षेत्र में 45.50 प्रतिशत है। इस आकड़े से स्पष्ट होता है कि महिला की जनसंख्या की आधी आबादी अभी भी अशिक्षित है।[4]

उद्यमी आर्थिक संवृद्धि के अलावा सामाजिक परिवर्तन में भी महिलाओं की सहभागिता है। वैश्विक महिला उद्यमिता अनुसंधान के अनुसार केवल आर्थिक उद्यम स्थापित करने के बजाय सामाजिक उद्यम बनाने की संभावना पुरुषों की अपेक्षा महिलाओं में 1.17 गुना अधिक होती है। उसी प्रकार उनमें अर्थ केन्द्रित उद्यमों की अपेक्षा पर्यावरण केन्द्रित उद्यम चलाने की संभावना 1.73 गुना अधिक होती है। सांख्यिकी और कार्यक्रम क्रियान्वयन मंत्रालय द्वारा जारी छठी आर्थिक गणना के अनुसार महिलाओं में ग्रामीण अति-स्थानीय अर्थव्यवस्था को गति देने की संभावना होती है। उक्त गणना के अनुसार भारत में 5.85 करोड़ प्रतिष्ठानों में से 80.5 लाख प्रतिष्ठानों

को महिला उद्यमी चला रही थी। महिलाओं के स्वामित्व और उनके द्वारा संचालित प्रतिष्ठानों में कुल 1.348 करोड़ कामगार काम कर रहे थे। देश की आर्थिक संवृद्धि को आगे ले जाने में भारत एवं बिहार की महिला उद्यमी का महत्त्वपूर्ण योगदान है।[5]

निष्कर्ष तौर पर कहा जा सकता है कि वर्ष 2005 के बाद बिहार सरकार महिलाओं के सशक्तिकरण के लिए सतत् एवं लगातर प्रयास कर रहा है। पंचायती राज्य में महिलाओं को आरक्षण, प्राथमिक विद्यालयों में 50 प्रतिशत आरक्षण 2016 में ही सरकारी सेवों में नियुक्ति को लें महिलाओं के लिए 35 प्रतिशत आरक्षण की व्यवस्था। सात निश्चय कार्यक्रम के तहत आरक्षित रोजगार महिलाओं का अधिकार कार्यक्रम आदि।

प्रत्येक महिला एक सम्भाव्य शक्ति है उसमें नेतृत्व एवं प्रबन्ध की क्षमता का अपार भण्डार है, अपनी योग्यता तथा कार्यक्षमता का बेहतर इस्तेमाल करने में सक्षम है, अत्यधिक विश्वासोत्पादक है वे समस्याओं के समाधान तथा निर्णयन हेतु समावेशी प्रकार लोभिमुख तरीका अपनाती है, इतना ही नहीं वे नियमों की अनदेखी करके अधिक जोखिम उठाने के लिए तैयार रहती है। दूर–दृष्टि, कठिन मेहनत और पक्के इरादा से महिला उद्यमी अपना मार्ग प्रशस्त करते हुए नया इतिहास लिखने के लिए तत्पर है।

किसी भी परिवार, समाज या राष्ट्र को समृद्ध होने के लिए महिला व पुरुष दोनों को समान अधिकार देना चाहिए। जैसे कि किसी रथ में लगे दो चक्र यदि एक भी छोटा या बड़ा हो जाये तो रथ न तो अच्छे से चल पता है और उसकी शोभा भी खराब होती है। उसी प्रकार यदि किसी समाज या राष्ट्र को समृद्धशाली बनाना हो तो उसमे महिला और पुरुष को समान अधिकार देना आवश्यक है।

सदियों से औरतों का उतना उच्च स्थान नहीं दिया गया जितना कि पुरुष को लेकिन अब वह समय आ गया है कि हमें अब अपनी आर्थिक स्थिति सुधारनी है तो महिला और पुरुष दोनों को समान मानना जरूरी है। और आगे कैसे ले जाया जाये इसके लिए पूरे विश्व में महिला सशक्तिकरण नामक एक योजना चलाई गयी है। इसमें औरतों को आर्थिक, मानसिक, सामाजिक और राजनितिक रूप से सशक्त किया जा रहा है। जिससे कि वे पुरुष के साथ कंधे से कंधा मिला कर चल सकें। औरतों को उनके अधिकारों का ज्ञान भी हो सके और इन सब चीज़ों के लिए औरतों को शिक्षित होना बहुत महत्त्वपूर्ण है। इसीलिए भारतीय संविधान में महिला और पुरुष को समान अधिकार प्रदान किये गये हैं। बिहार सरकार महिला सशक्तिकरण हेतु दृढ़ संकल्प है।

औषधीय कृषि की संभावनाएँ एवं आवश्यकताएँ

स्वतंत्रता प्राप्ति के 65 वर्षों के बाद भी बिहार एक ऐसा राज्य है जो आज भी कृषि पर आधारित है। राज्य के विभाजन के बाद अधिकांश वृहत तथा संगठित उद्योग झारखण्ड में चले गये हैं। कुछ बड़े एवं छोटे उद्योग राज्य में बचे हैं उनमें अधिकांश की स्थिति रूग्ण, दयनीय या बंदी के कगार पर है। ऐसी स्थिति में औषधीय खेती का विकास काफी अधिक महत्व रखता है। गरीबी उन्मूलन, रोजगार सृजन एवं स्वाथ्य के दृष्टि से ऐसे उद्योगों का खास महत्व है। जिसकी आपार संभावनाएँ बिहार में विद्यमान हैं।

प्रकृति ने इस प्रांत को उन सभी प्राकृतिक संसाधनों का उपहार खुले दिल से दिया है जो औषधीय एवं सुगंधीय कृषि के क्षेत्र में प्रदेश को देश का सिरमौर बना सकता है उर्वर भूमि भरपूर सिंचाई के साधन, पर्याप्त मानव श्रम तथा अनुकूल जलवायु संभवतः यही वे प्रमुख तत्व हैं जो इस क्षेत्र के विकास के लिए आधारभूत होते हैं। यहाँ तक कि भूमि की जलमग्नता अथवा दलदलापन जो कि इस राज्य कि लिए अभिशाप माना जाता है का यदि उपयुक्त विदोहन किया जाए तो प्रदेश के लिए वरदान सिद्ध हो सकता है। इसमें मखाना की खेती की जा सकती है।

प्रदेश के जलवायुवीय क्षेत्र-बिहार राज्य में खेती की दृष्टि से जलवायुवीय क्षेत्रों को तीन भाग में बाँटा जा सकता है- प्रथम क्षेत्र के अंतर्गत चम्पारण, गोपालगंज, सिवान, मधुबनी, सितामढ़ी आदि जिले आते हैं, द्वितीय क्षेत्र के अंतर्गत किशनगंज, सुपौल, अररिया, कटिहार, पूर्णियाँ, मधेपूरा आदि जिले आते हैं, तीसरे क्षेत्र में बाकी जिले आते हैं।

प्रथम क्षेत्र में औसतन वार्षिक वर्षा 1344.5 मि०मी० द्वितीय क्षेत्र में 1381.00 मि०मी० तीसरे क्षेत्र में 1165.45 मि०मी० तक वर्षा होती है। आर्द्रता के दृष्टि से भी यहां की जलवायु विभिन्न औषधीय पौधों के लिए काफी उपयुक्त है। प्रायः प्रथम क्षेत्र में आर्द्रता 58.8 से 67.3 प्रतिशत द्वितीय में 57 से 75 प्रतिशत तक तीसरे में 50.9 से 66.4 प्रतिशत तक रहती है। इस उपलब्ध आर्द्रता में विभिन्न औषधीय एवं सुगंधीय फसलें काफी अच्छा उत्पादन देती हैं।

बिहार की मिट्टी- बिहार राज्य के विभिन्न क्षेत्रों में कई प्रकार की मिट्टी पाई जाती है। उत्तरी बिहार में 5 से 40 प्रतिशत तक चूने संयुक्त मिट्टी पाई जाती है। वहीं पश्चिमी जिलों में रेहट तथा कहीं-कहीं क्षारीय मिट्टी। दियरा में गहरे भूरे रंग की भारी उदासीन तथा चूनारहित मिट्टी पाई जाती है। दक्षिणी बिहार की मैदानी मिट्टी हल्की दोमट होती है। मुंगेर, गया, नवादा, औरंगाबाद तथा रोहतास

के दक्षिण भागों में पठारी मिट्टी पाई जाती है। यह उपरोक्त मिट्टी औषधीय पौधों के लिए उपयुक्त होती है। अगर कहीं इनमें प्राकृतिक उर्वरता कम होती है तो उसमें उचित मात्रा में खाद एवं पानी के उपयोग से अच्छा बना लिया जाता है।

उपलब्ध तकनीकी ज्ञान– उत्कृष्ट प्रदान करने के लिए राजेन्द्र कृषि विश्वविद्यालय पूसा, समस्तीपुर सहित अपने विभिन्न केन्द्रों एवं कृषि विज्ञान केन्द्रों के माध्यम से किसानों को सभी प्रकार की तकनीकी सेवा प्रदान करने हेतु उपलब्ध है। इन संस्थानों द्वारा किसानों को मिट्टी, जल, बीज, रोग तथा बिमारियों के परीक्षण सहित उनके समाधान से संबंधित सेवाएं भी प्रदान की जाती है। संस्थान द्वारा विभिन्न पौधों की कई उन्नत प्रजातियों भी विकसित की गई है।

बिहार में औषधीय एवं सुगंधीय पौधों को उगाने के लिए भरपूर संभावनाएँ मौजूद हैं। राज्य में उगाए जा सकने वाले औषधीय एवं सुगंधीय पौधों को मुख्यतया तीन भागों में बाँटा जा सकता है– औषधीय पौधे, सुगंधीय पौधे तथा दलदली क्षेत्रों के पौधे।

(क) औषधीय पौधेः–

जिन प्रमुख औषधीय पौधों के लिए प्रदेश की जलवायु तथा उर्वर भूमि काफी अधिक उपर्युक्त है तथा जिनके लिए काफी अच्छा बाजार उपलब्ध है। उनमें कुछ प्रमुख है–

1. स्टीविया
2. कोलियस फोर्सखोली
3. स्टावर
4. सर्पगंधा
5. मुश्कदाना

(ख) सुगंधीय पौधेः–

सुगंधीय पौधों की खेती की दृष्टि से बिहार राज्य अपेक्षाकृत ज्यादा उपर्युक्त उर्वर मिट्टी तथा जलवायु प्रदान करता है। न केवल यहां की आर्द्रता सुगंधीय पौधों की अच्छी बढ़त के लिए अनुकूल है। बल्कि सिंचाई की अच्छी व्यवस्था भी उनकी सफल खेती में ज्यादा सहायक है। जो सुगंधीय पौधों बिहार राज्य में ज्यादा सफल हो सकते हैं।

सुगंधीय पौधे प्रमुख निम्न हैंः–

1. लैमनग्रास
2. जामारोजा,
3. जापानी पोदीने की अन्य जातियाँ जैसे पिपरमिन्ट वर्गमोटमिन्ट आदि,
4. जावा

5. सिट्रोनेला,

6. खस

(ग) दलदली क्षेत्रों के लिए औषधीय पौधे–

इस प्रकार औषधीय पौधे विशेष रूप से बिहार के टाल एवं दियारा क्षेत्र के लिए काफी उपयुक्त है।

उनमें प्रमुख हैं:– 1. बच, 2. नगरमोपा, 3. पिप्पणी, 4. ब्राह्मी आदि उपरोक्त औषधीय पौधों के अतिरिक्त कुछ प्रमुख औषधीय पौधे हैं जिनकी खेती की भरपूर संभावनाएँ बिहार में मौजूद हैं। सतावर, सफेद मूसली अश्वगंधा कालमेघ, गुड़मार, तुलसी, सनाय, ईसबगोल, मुलैठी, गिलोय, ग्वाहरपाठा, चन्द्रपुर, कस्तूरी, अदरक, हल्दी, आंवला वेल, अशोक, बायविडंग, जैट्रोफा, चन्दन, पपीता, लहसून इत्यादि।

औषधीय पौधों की आवश्यकताः–

बिहार से झारखण्ड के अलग होने के बाद बिहार एक ऐसा राज्य बन गया जिसका मुख्य आधार कृषि है आज भी राज्य में गरीबी अधिक है लगभग 42 प्रतिशत गरीबी रेखा से नीचे है। लगभग 73 प्रतिशत लोग कृषि पर आश्रित हैं।

87 प्रतिशत लोग गाँवों में निवास करते हैं। रोजगार का अभाव है। स्वास्थ्य संबंधी सुविधाओं का अभाव है कुपोषण से ग्रसित सबसे ज्यादा बच्चे बिहार में हैं। ऐसे परिवेश में औषधीय पौधों पर आधारित उद्योगों का महत्व स्पष्ट तौर पर बढ़ जाता है तथा उनके विकास की आवश्यकता कई कारणों से महसूस होती है। बिहार में ऐसे उद्योगों या खेती की आवश्यकता निम्नांकित तथ्यों से स्पष्ट है।

आय उपार्जन एवं लोगों की आर्थिक स्थिति में सुधार हेतुः–

अगर ऐसे पौधों की खेती होता है तो लोगों की आय बढ़ेगी एवं आर्थिक स्थिति में सुधार होगा। इससे लोगों की गरीबी दूर करने में मदद मिलेगी।

रोजगार उपलब्धता हेतुः–

अगर इसकी खेती अधिक मात्रा में किया जाए तथा इससे आधारित उद्योग की स्थापना किया जाय तो रोजगार के अवसर बढ़ेंगे।

निम्न पूँजी की आवश्यकताः–

इसकी खेती के लिए अपेक्षाकृत कम पूँजी की ज़रूरत है। जबकि शीघ्र उत्पादन तथा अधिक रोजगार का सृजन संभव है। बिहार में पूँजी की कमी है, ऐसे उद्योगों के विकास की भरपूर कोशिश होनी चाहिए।

उपलब्ध स्थानीय साधनों का उत्पादन एवं सही प्रयोग हेतु–

ऐसे उद्योग को स्थानीय साधनों के सहारे विकसित एवं संचालित किए जाने की पूरी गुंजाईश है। इनके विकास से स्थानीय साधनों

का उत्पादक प्रयोग, उपलब्ध कारीगर, निपुण मानवशक्ति का उपयोग संभव होगा अन्यथा वे बेकार ही पड़े रह जायेंगे।

स्वास्थ्य संबंधी हेतु– आज बिहार में स्वास्थ्य संबंधी सुविधाओं का आभाव है। दवा बहुत मंहगा है, 42 प्रतिशत लोग गरीबी रेखा से नीचे है। ऐसी परिस्थिति में अगर इसकी खेती होती है और इससे दवा बनाकर गरीब लोग अधिक लाभ उठा सकते हैं और इसके प्रयोग से कुपोषण से भी बचा जा सकता है।

निष्कर्ष के तौर पर कहा जा सकता है कि राज्य में अधिकांश औषधीय एवं सुगंधीय पौधों की खेती हेतु वांछित जलवायुवीय एवं उर्वर मिट्टी उपलब्ध है। इसकी भरपूर संभावनाएँ वर्तमान में हैं। सरकार निजी क्षेत्र द्वारा निवेश बढ़ाने की ज़रूरत है। सरकार को इसके खेती के लिए आधारभूत सुविधाएं उपलब्ध करानी चाहिए। बिहार राज्य में जितनी क्षमताएं हैं तथा जिस प्रकार प्रकृति ने बिहार राज्य को अनेकों संसाधनों से आच्छादित किया हुआ है उससे शीघ्र ही औषधीय खेती के क्षेत्र में एक नई क्रांति का सूत्रपात होगा। यदि राज्य का विकास करना चाहते हैं तो हमें मिलकर प्रतिब्धता के साथ सकारात्मक दृष्टिकोण से काम करना होगा, राज्य, प्रशासनिक तंत्र एवं वित्तीय संस्थाओं को मिलकर काम करना तथा सहयोग देना होगा। राज्य में औषधीय खेती की भविष्य उज्जवल प्रतीत होता है।

मौर्य एवं मौर्योत्तर कालीन ग्रामीण अर्थव्यवस्था

मौर्य एवं मौर्योत्तर कालीन भारत में ग्राम ही भारतीय ग्रामीण अर्थव्यवस्था का मूलाधार था। यह सामाजिक एवं आर्थिक ईकाई के रूप में कार्य कर रहा था। गाँव की बढ़ती आबादी मैदानों में या नदियों के किनारे रहती थी जिसकी आबादी तीस से लेकर एक हज़ार परिवार तक रहती थी, और उसका क्षेत्रफल कई सौ एकड़ से कई हज़ार एकड़ तक था, मौर्य साम्राज्य में वैज्ञानिक आधार पर निजी काश्तकारी व्यवस्था को संगठित किया गया था जो समय के तमाम परिवर्तनों के साथ आज तक चला आ रहा है। कौटिल्य के अर्थशास्त्र से ज्ञात होता है कि मौर्य शासक वर्ग ने बड़े पैमाने पर नये-नये गाँव आबाद करके तथा पतनोन्मुखी पुराने गाँवों में आवश्यकता से अधिक आबादी वाले क्षेत्रों से लोगों को बसाकर ग्रामीण अर्थव्यवस्था को विकसित करने की दिशा में महत्वपूर्ण योगदान दिया। उन गाँवों में न केवल वैश्य यहाँ तक कि खेतीहर मजदूरों के रूप में शूद्रों को भी बसाया गया और उन्हें हर तरह से सहायता दी गई। अर्थशास्त्र में भी जनपद निवेश नामक एक पूरा का पूरा अध्याय ही है जिससे इस विषय पर पर्याप्त प्रकाश डाला गया है।

ग्राम प्राचीन भारत के सामाजिक एवं आर्थिक ढाँचे की सबसे महत्वपूर्ण ईकाई थी। गाँव की निर्धारित सीमा के अन्दर भू-स्वामी काश्तकार, दासकर्म तथा कई तरह के अन्य वर्ग के लोग रहते थे। कुछ धनी लोग थे तो कुछ मजदूर, कुछ अपने लिए कार्य करते थे, तो कुछ मजदूरी लेकर दूसरों के लिए कार्य करते थे। किसानों के रूप में वैसे ब्राह्मण भी थे जिन्हें राज्य की ओर से भूमि प्राप्त था। कुछ मामलों में उनकी तुलना आधुनिक युगों के सामंतों से की जा सकती है। गाँव में निम्न आय स्तर के लोग भी रहते थे जिनके पास उत्पादन का कोई साधन नहीं रहता था।

ग्रामीण अर्थव्यवस्था में दास एवं दासियों का भी महत्वपूर्ण योगदान था। इस कार्य में उन्हें कभी-कभी देर रात तक कार्य करना पड़ता था। परिणामतः कभी-कभी उन्हें अपने स्वामी के काम वासना का शिकार भी होना पड़ता था। दासों का कार्य स्वामी के लिए खेतों पर भोजन-पानी पहुँचाना भी था। लेकिन कुछ अर्थों में दासों की स्थिति दैनिक मजदूरों की तुलना में अच्छी थी।

वर्णाश्रम व्यवस्था के अनुसार मौर्य काल में वैश्यों के लिए कृषि, पशुपालन आदि कार्य निर्धारित थे। लेकिन इस काल में इन कार्यों में दो उच्च वर्णों के लोग, भी यानी ब्राह्मण और क्षत्रिय भी सम्मिलित थे। ग्रामीण व्यवस्था, सामाजिक, भेदभाव और शोषण पर आधारित था। भूस्वामी के द्वारा आश्रित काश्तकारों का शोषण

किया जाता था। जबकि राजा और उनके उत्तराधिकारी स्वतंत्र किसानों का शोषण करते थे। मौर्य काल के बाद राजा के द्वारा कर ग्रहणाधिकार और अन्य परमाधिकार दान ग्राहियों को सौंपे जाने के कारण जजमानी प्रथा का जन्म हुआ। आज भी गांव में किसी ना किसी रूप में जजमानी प्रथा कायम है। भूमि व्यवस्था के अंतर्गत ब्राह्मणों को ब्रह्मदेय भूमि दी जाती थी तथा वे कर एवं दंड से मुक्त होते थे। स्रोतों से पता चलता है कि इस कारण से संपन्न ब्राह्मण किसानों की चर्चा मिलती है जिनके पास जोत की जमीन काफी ज्यादा थी। राज्य के कर्मचारियों को भृक्षागृह तथा अन्य कल्याणकारी कार्यों के निष्पादन के लिए अतिरिक्त भूमि दी जाती थी। कर्मचारियों को नौकरी के बदले में जमीन प्रदान किया जाना काश्तकारी के जन्म की ओर संकेत करता है। साधन विहीन किसान गांव से लगभग 2 कोस की दूरी तक जाकर साझेदार का खेत जोतते थे। इस दो कोस की दूरी के लिए गष्युति शब्द आया है। कृषकों के समृद्धि के मापदंड के रूप में हलों की संख्या को मानने की प्रथा थी। राजतंत्र के बढ़ते कर प्रणाली से कृषि मजदूरों की संख्या में काफी वृद्धि हुई। गरीब, शूद्र, किसान रोग या अन्य विपत्तियों के कारण भयंकर आर्थिक संकट में फंसकर विवशतावश या तो दूसरों के खेत में काम करते थे या फिर पैसे के बदले श्रम से ही ऋण चुकाते थे। कौटिल्य ने राजकीय भूमि पर काम करने वाले बटाईदारों की कोटियों के मुताबिक दरों का निर्धारण किया है। जैसे उपज का 1/4 या 1/5 या 1/2 भाग या फिर खेत के रखवाले दासों एवं दैनिक मजदूरों के लिए उनके काम के अनुसार वेतन निर्धारित किया है तो समान्यतः 1/4 पर हुआ करता था। गैर राजकीय जमीन पर काम करने के बदले उपज का 1/10 भाग वेतन के रूप में देने को कहा जाता था।

कृषि भूमि संबंधी अर्थव्यवस्था पर मौर्य काल जिस पर राज्य का अधिकार था। वह एक शताब्दी से अधिक टिक नहीं सका और मौर्योत्तर काल में राज्य की पहल का स्थान व्यक्तिगत पहल ने ले लिया। भूमि अर्थव्यवस्था के ढांचे में याज्ञवलव्य ने तीन प्रक्रम रखे हैं, महापति (राजा) क्षेत्र स्वामी (भू-स्वामी) तथा कृषक खेतिहर किसी व्यवस्था के अंतर्गत उपजायी जाने वाली फसलों को कृष्ट पच्च तथा आकृष्ट पच्च के रूप में बांट सकते हैं। कुछ कृष्ट पच्च वनों में उपजाए जाते थे। इस काल में किसान इस बात से भलीभांति अवगत थे कि किस मौसम में कौन सी फसल उगाई या लगाई जाए। फसलों के नाम उनके बोये काटे जाने वाले ऋतु या काल के अनुसार भी निश्चित किए जाते थे। जैसे हेमन्त ऋतु में बोए जाने के कारण हेमंतिक जबकि हेमंत शरद में पकने के कारण शालि (धान), शरद तथा ग्रीष्म में पकने वाले गेहूं और अरहर आदि को ग्रीष्म या

ग्रीष्माक कहा जाता था। ग्रामीण अर्थव्यवस्था में इक्षु (ईख) की महत्वपूर्ण भूमिका होती थी। जातक साहित्य में फल तथा सब्जियों में परिपूर्ण खेतों का उल्लेख भी मिलता है। इस काल में मसाले की खेती यथा अदरक, लहसुन, हल्दी, धनिया, जीरा आदि पर्याप्त मात्रा में होती थी।

मौर्य एवं मौर्योत्तर काल में फलों के उत्पादन यथा आम कटहल, नारियल, नाशपति, अनार आदि का पर्याप्त प्रमाण मिलता है। कृषि प्रणाली के अंतर्गत किसान फसल बोने के पहले खेत को दो-तीन बार गहराई से जोत कर छोड़ देते थे। फिर बोने के समय जोत कर खेत में बीज डालते थे। ऐसे ही खेत वाष्प कहलाता था। मौर्यकालीन कृषि व्यवस्था के अंतर्गत सिंचाई की पुष्टि शक नरेश रुद्रदामन प्रथम के जूनागढ़ अभिलेख (150 ई०) से और भी अधिक पुष्टि हो जाती है जिसमें उनके द्वारा पुनरनिर्मित सुदर्शन झील का वर्णन आया है। इतना ही नहीं 600-200 ईसवी पूर्व के मध्य पक्की ईंटों से निर्मित अनेकों कुओं का अस्तित्व पुरातात्विक सर्वेक्षण से प्रकाश में आया है। इस प्रकार यह स्पष्ट है कि मौर्य एवं मौर्योत्तर काल इन ग्रामीण अर्थव्यवस्था से जुड़े किसान कृषि की उन्नति के लिए जल संसाधनों का उपयोग भरपूर मात्रा में करना जानते थे। इस काल में लोहे के व्यापक प्रयोग होने से कृषि उपकरण के क्षेत्र में भी महत्वपूर्ण परिवर्तन हुए। कृषि के लिए सबसे अधिक महत्वपूर्ण उपकरण हल था। महाकाव्य में यज्ञों के शुभारंभ के लिए यज्ञ भूमि को हल से अनिवार्य रूप से शोधन-हल के महत्व को स्पष्ट करता है। खेतों में फसल चक्र तथा मिश्रित खेती करने की प्रणाली से भी लोग परिचित हो चुके थे। हल तरह का उपकरण कुलिस की संभावना भी थी। इस प्रकार मौर्योत्तर काल के कृषक कृषि कार्य संबंधी उपकरण तथा पूर्व विधि से भलीभांति परिचित थे। व्यावहारिक अनुभव, विकासशील, तकनीक तथा परिष्कृत उपकरणों के उपयोग के परिणामस्वरूप तत्कालीन कृषि क्षेत्र के क्षेत्र में व्यापक प्रगति हुई।

इस काल में कृषि पर आधारित ग्रामीण उद्योग धंधे ग्रामीण अर्थव्यवस्था की रीढ़ का काम करते थे। इस काल की अर्थव्यवस्था को सुदृढ़ करने वाले शिल्पकारों में कर्मकार, कुम्हार, बढ़ाई, बुनकर तथा चर्मकार आदि प्रमुख थे। लौह उद्योग के रूप में इस काल में कुदाल फावड़ा, हँसिया आदि का निर्माण लोहारों के द्वारा की जाती थी। तक्षशिला उत्खनन में दो प्रकार के हँसिया का उल्लेख मिलता है। प्रथम प्रकार के हँसिया की धार कमानीर (टेढ़ी) है जैसी कि पश्चिमी देशों में प्रचलित है और दूसरे प्रकार के हाशिए की धार सीधी अथवा बिल्कुल खड़ी है। काष्ठ उद्योग के रूप में ओखली मुसल चौकी खाट तथा परिवहन के अन्य साधनों का निर्माण बढ़ई

लोग किया करते थे। गांव में चमड़े की पर्याप्त आपूर्ति के कारण चर्म निर्मित वस्तुओं का उपयोग लोगों के घरेलू जीवन से लेकर युद्धभूमि तक होता था। वस्त्र उद्योग के रूप में सूती, रेशमी और ऊनी वस्त्रों का भी निर्माण होता था। मौर्योत्तर काल इन स्रोतों में यंत्र पीड़न नामक एक उपकरण का उल्लेख है जिससे गन्ना सरसों आदि पेरे जाते थे। ईख से शर्करा बनाने के उद्योग के बारे में भी जानकारी मिलती है। सामानों तथा मिट्टी के बर्तनों के निर्माण कार्य में महत्वपूर्ण उद्योग का रूप ग्रहण कर लिया था।

वैदिक एवं प्राक् मौर्य काल की तरह ही 322 ईसवी पूर्व से 300 ईसवी तक के काल में चूँकी पशुपालन सीधे तौर पर ग्रामीण अर्थव्यवस्था से जुड़ा हुआ था और आर्थिक समृद्धि का एक प्रमुख कारण पशुधन ही था। मौर्य एवं मौर्योत्तर काल इन पशुओं का वर्गीकरण किस प्रकार किया जा सकता है? ग्राम में और अन्य जलीय, शकुनी, वाचत्य और शूद्र जंतु शशि तथा अश्व जैसे पशु राजा की विशेष संपत्ति थे जिनकी रक्षा के लिए राज्याधिकारी नियुक्त किए जाते थे। पूर्व के ही तरह इस काल में भी गोधन-संपत्ति और समृद्धि का सूचक था क्योंकि अधीनस्थ राजाओं के द्वारा राजा को प्रसन्न करने के लिए अन्य चीज़ों के साथ साथ गाय देने की बात कही है। कृषि अर्थव्यवस्था में बैल का भी काफी महत्व था क्योंकि इसके द्वारा ही खेत जोतने का काम किया जाता था। मौर्य काल में तथा उसके बाद भी कई बैलों को एक साथ जोते जाने का भी उल्लेख मिलता है। अर्थशास्त्र में बकरी ऊंट, सूअर, खच्चर आदि पालने का भी उल्लेख मिलता है। भेड़ तथा बकरी का इस्तेमाल उनके साथ मांस दूध चमड़ा तथा उन आदि के लिए होता था। पशुपालन का अर्थ आर्थिक दृष्टि से लाभप्रद होने के कारण प्रायः उच्च वर्ग के द्वारा भी अपनाया जाता था, परंतु मुख्यतः पशुपालक वर्ग वैश्य और शूद्र वर्ग से ही आते थे।

पुरानी मान्यताएं और कठोर नियम टूट रहे थे और एक नए समाज के निर्माण के लिए राज्य तैयार हो रहे थे जिनमें शूद्रों एवं वैश्यों को द्विज के समान ही सामाजिक अधिकार दिए जाने का मान्यता प्रशस्त हो रहे थे। इस काल (मौर्य एवं मौर्योत्तर काल) में कृषकों की स्थिति अच्छी नहीं थी, जबकि तत्कालीन ग्रामीण अर्थव्यवस्था या संपूर्ण अर्थव्यवस्था के मूल में कृषि ही थी। कृषि से जुड़े लोगों की स्थिति अच्छी नहीं होने के कारण मूल्य में करों का अत्यधिक भार था भूमि की पैमाइश इकाई था राजकीय मानदंड और दर प्रचलित था जो निजी जोत भूमि के कर निर्धारण के लिए लागू की जा सकती थी। पाणिनि ने भी जातक के रज्जूग्रहक अमच्चा की तरह क्षेत्रफल नामक विशेष पदाधिकारी द्वारा किए गए

योजनाबद्ध सर्वेक्षण का उल्लेख किया है। राजस्व वसूली में होने वाले बल प्रयोग द्वारा किए गए योजनाबद्ध सर्वेक्षण का उल्लेख किया है। राजस्व वसूली में होने वाले बल प्रयोग स्रोत ग्रंथों से ज्ञात होता है कि अधिकाधिक राजस्व एवं उसकी वसूली में होने वाले एक प्रयोग के कारण किसानों द्वारा गांव छोड़कर भागने का उल्लेख मिलता है। गौतम के अनुसार विभिन्न प्रकार के दरों का उल्लेख मिलता है। यथा षष्ठांश, अष्टांश तथा दक्षांश। मेगास्थनीज के वृतांत अनुसार कौटिल्य के आदेश के बावजूद इस काल में करारोपण काफी अधिक था। कृषक सामान्यतया उपज का चतुर्थांश राज को प्रदान करते थे। इसके अतिरिक्त उपज में राजा का प्रथागता (रिवाज) अंश (भाग) अभिप्रेत था जो समानता उपज का छठा हिस्सा होता था। इसी प्रकार भाग जो संभव भूमिकर का प्रधान पद का सूचक था। मौर्य एवं मौर्योत्तर काल में गांव ही भारतीय अर्थव्यवस्था का मूलाधार था। ग्रामीण अर्थव्यवस्था में दास एवं दासियों का भी महत्वपूर्ण योगदान था तथा जो कभी-कभी उन्हें अपने स्वामी के वासना का शिकार भी होना पड़ता था। इस काल में ग्रामीण व्यवस्था, सामाजिक, भेदभाव और शोषण पर आधारित था जहां भूस्वामी तथा महाजन के द्वारा आश्रित काश्तकारों का शोषण किया जाता था। इस व्यवस्था (भूमि व्यवस्था) के अंतर्गत ब्राह्मणों को ब्रह्मदेय भूमि दी जाती थी तथा वे कर एवं कर मुक्त होते थे। इस काल में किसान इस बात से। भली-भांति अवगत थे कि किस मौसम में कौन सी फसल उगाई जाए। साथी कृषकों को बाप्प प्रणाली की जानकारी थी। मौर्योत्तर काल कृषि व्यवस्था के अंतर्गत सिंचाई तथा लोहे का समुचित उपयोग होता था। इस काल में पशुपालन सीधे तौर पर ग्रामीण अर्थव्यवस्था से जुड़ा हुआ था और आर्थिक समृद्धि का प्रमुख साधन पशुपालन ही था। हालांकि मौर्य काल में कृषकों की स्थिति अच्छी नहीं थी। इसके बावजूद तत्कालीन ग्रामीण अर्थव्यवस्था या संपूर्ण अर्थव्यवस्था के मूल में कृषि ही थी।

बिहार विकास के पथ पर अग्रसर

बिहार का इतिहास बड़ा ही गौरवशाली रहा है, इस राज्य में जहां महावीर ने शांति का संदेश दिया, बुद्ध को ज्ञान की प्राप्ति हुई, अशोक चन्द्रगुप्त, शेरशाह, गुरू गोविन्द सिंह तथा जयप्रकाश नारायण जैसी महान हस्तियां हुई। लेकिन आजादी के बाद बिहार कई तरह के समस्याओं से ग्रस्त हो गया तथा बिहार में साधन संपन्नता के बावजूद आर्थिक गतिहीनता की स्थिति उत्पन्न हो गई थी।

जाति धर्म, के संघर्ष का अखाड़ा बन गया था। गरीबी, राजनीति में अशांति और भ्रष्टाचार का माहौल था। बिहार से झारखंड को अलग होने से सारा का सारा उद्योग झारखंड में चला गया। बिहार एक कृषि-प्रधान राज्य बनकर रह गया लेकिन वर्ष 2005 के बाद माननीय मुख्यमंत्री श्री नीतीश कुमार के नेतृत्व में बिहार विकास के रास्ते पर है। (भारतीय अर्थव्यवस्था, भगवान प्रसाद सिंह, भारती भवन, पृ०–218)

आधारित संरचना का समुचित विकास-आज बिहार आधारित संरचना जैसे-सड़क, पानी, बिजली, स्वास्थ्य और शिक्षा जैसे क्षेत्रों में काफी सुधार हुआ है। जिस गांव की जनसंख्या, 500 से 1000 तक है उसे भी सड़कों से जोड़ा जा रहा है, तकरीबन सभी जिला मुख्यालय पटना से जोड़े जा रहे हैं। राज्य में एक छोर से दूसरे छोर तक पहुंचना आसान हो गया है। मुख्यमंत्री सेतु निर्माण योजना के अंतर्गत पुल-पुलियों का निर्माण हुआ है और हो रहा है। पथ निर्माण विभाग का योजनाओं 2004–05 में 133.85 करोड़ रुपये था, जो बढ़कर 2008–09 में 2489.15 करोड़ रुपये हो गया, सड़क निर्माण 2004–05 में 384.6 कि०मी० था, जो बढ़कर 2008–09 में 768 कि०मी० हो गया। 184.01 कि०मी० राष्ट्रीय उच्च पथों का उन्नयन मुख्यमंत्री सेतु 1291.62 कि०मी० वृहद् पथों का उन्नयन मुख्यमंत्री सेतु योजना के अंतर्गत 612 योजना पूर्ण, 30 वृहद् पुलों का निर्माण। बिहार राज्य पुल निर्माण निगम द्वारा कुल 259 पुलों का निर्माण पूर्ण किया गया। राज्य में स्वास्थ्य सुविधाओं का विस्तार हो रहा है। प्राथमिक चिकित्सालयों, जिला चिकित्सालयों और राज्य स्तरीय चिकित्सालय का उन्नयन कर उन्हें आधुनिक उपकरणों से सुसज्जित किया गया है। डॉक्टरों, नर्सों, स्वास्थ्य कर्मियों और अस्पताल प्रबंधकों की नियुक्ति की गई है। चलंत चिकित्सा वाहनों की व्यावस्था की गई है। तभी प्राथमिक स्वास्थ्य केन्द्रो से लेकर जिला अस्पतालो तक 24x7 स्वास्थ्य सेवा उपलब्ध है। रोगियों की औसत उपस्थिति जहाँ वर्ष 2005 में 39 रोगी प्रति स्वास्थ्य केन्द्र तथा अगस्त 2009 में यह 4500 रोगी प्रति स्वास्थ्य केन्द्र हो गयी है।

शिशु मृत्यु दर 61 से घटकर 56 और मातृ मृत्युदर 371 से घटकर 312 हुई। राज्य में मुफ्त दवाओं पर 2004–2005 में 3 करोड़ रुपये से बढ़कर 2008–09 में 68 करोड़ रुपये व्यय है। दवाओं की प्राप्ति और आधारभूत संरचनाओं के निर्माण हेतु Bihar Medical Supplies And Infrastructure Corporation की स्थापना का कार्य प्रारंभ हो गया है।

शिक्षा के क्षेत्र में भी बिहार आगे बढ़ रहा है। सरकार द्वारा खासकर दलित, महादलित, पिछड़ों एवं महिलाओं की शिक्षा पर अधिक जोर दिया गया है। राज्य में प्राथमिक एवं उच्च शिक्षा का विकास हुआ है। 2008-09 के बीच छात्र-शिक्षक अनुपात 73% से घटकर 58% हो गया है। राज्य में 3000 माध्यमिक विद्यालय है। राज्य में दो केन्द्रीय विश्वविद्यालय नालंदा विश्वविद्यालय की स्थापना, चाणक्य राष्ट्रीय विधि विश्वविद्यालय, आर्यभट्ट ज्ञान विश्वविद्यालय, चन्द्रगुप्त प्रबंधन संस्थान एवं अलीगढ़ मुस्लिम विश्वविद्यालय की शाखा किशनगंज में खोला जाना बिहार में शिक्षा के विकास का महत्वपूर्ण उदाहरण है। आज शिक्षा के क्षेत्र में बिहार चौतरफा विकास कर रहा है। उर्जा प्रक्षेत्र-बिजली के क्षेत्र में भी व्यारपक सुधार हुआ है। नवीनगर ताप विद्युत परियोजना प्रगति पर है। पीरपैंती (भागलपूर), कजरा (लखीसराय), चौसा (बक्सर) में 1320 मेगावाट प्रति पावर प्लान्ट ताप विद्युत गृह की स्थापना एवं कार्य प्रगति पर है। मुजफ्फरपुर एवं बरौनी ताप विद्युत गृह (2.25 MW) विस्तार परियोजना की स्वीकृति प्रक्रियाधीन है। राजीव गाँधी ग्रामीण विद्युतीकरण योजना योजना के अन्तर्गत 13766 गाँवों के विद्युतीकरण हेतु 15 लघु जल विद्युत परियोजनाओं में कुल 7.7 मेगावट विद्युत उत्पादन होता है। इस तरह उर्जा प्रक्षेत्र में तीव्र विकास कर रहा है, जो विकास का आधार है।

उद्योगों के विकास एवं रूग्ण बंद इकाईयों का पुनर्वास-बिहार में विभाजन के बाद राज्य लगभग उद्योग विहीन हो गया था लेकिन वर्तमान सरकार 2005 के बाद स्थानीय साधनों एवं सुविधाओं का विकास करके औद्योगिक इकाइयों को खोला जा रहा है, कृषि आधरित उद्योगों की स्थापना की जा रही है। खाद्य प्रसंस्करण उद्योग स्थापित किये जा रहे हैं। पूँजी की व्यवस्था, विपणन की व्यवस्था, विधि व्यवस्था में व्यापक सुधार हुआ है। राज्य में निवेश एवं उद्योगों के विकास का माहौल बना है। बंद रूग्ण चीनी, कागज़, जूट इत्यादि उद्योगों के पुनर्वास का सार्थक प्रयास हुआ है। रोहतास जिला अन्तर्गत मेसर्स कल्याणपुर सीमेन्ट लिए बंजारी, मेसर्स एसियाटिक ऑक्सीजन एण्ड एसीटीलिन कम्पनी लि०, बरौनी, मेसर्स डुमरॉव, मेसर्स R.B.H.M. जूट मिल, कटिहार आदि को पुनर्वास पैकेज स्वीकृत। राज्य निवेश प्रोत्साहन पार्षद से 410 प्रस्ताव

अनुमोदित है। इन अनुमोदित प्रस्तावों में 39788 करोड़ का निवेश प्रस्तावित खाद्य प्रसंस्करण प्रक्षेत्र अंतर्गत स्वीकृत 72 परियोजनाओं के लिए 61.60 करोड़ का अनुदान स्वीकृत 29 परियोजनाओं को अनुदान 19.28 करोड़ दिया गया। हस्तकरघा, रेशम प्रक्षेत्र, लघु उद्योग प्रक्षेत्र आदि में व्यापक निवेश हुआ है। बिहार आज औद्योगिक क्षेत्र में चौतरफा विकास कर रहा है।

पर्यटन उद्योग-बिहार में पर्यटन के क्षेत्र में भी विकास हुआ है। वर्ष 2006 में बिहार आने वाले विदेशी पर्यटकों की संख्या 94 हज़ार थी, जो 2012 में बढ़कर 11 लाख हो गई। बोधगया, राजगीर, नालन्दा, मधुबनी आदि स्थानों में पर्यटकों की भारी संख्या देखी जा रही है।

कृषि का आधुनिकीकरण एवं तीव्र विकास-आज कृषि बिहार का प्रमुख जीवनाधार है। 90 :10 जनसंख्या-कृषि पर आश्रित है। राज्य की जनता के खुशहाली के लिए कृषि को आधुनिक बनाया जा रहा है और किया गया है, जल प्रबंधन एवं बाढ़ नियंत्रण पर विशेष जोर दिया जा रहा है। परिणामस्वरूप कृषि के क्षेत्र में बिहार तीव्र विकास कर रहा है यही कारण है कि 2012 का कृषि क्षेत्र में विकास का पुरस्कार बिहार को प्राप्त हुआ है। कृषि रोडमैप के कार्यक्रमों को लागू करने के लिए देश में पहली बार कृषि कैबिनेट का गठन, जिसमें कृषि एवं उससे संबंधित विभाग तथा शिक्षा विभाग सहित 18 विभाग सम्मिलित हैं।

2010–11 में चावल का उत्पादन 31.02 लाख मेगा टन था, जो वर्ष 2011–12 में बढ़कर 83.05 लाख मेगा टन हो गया है। इसी तरह वर्ष 2010–11 में यह बढ़कर 24.89 क्विंटल प्रति हेक्टेयर हो गया। वर्ष 2011–12 में गेहूँ उत्पादन 49.03 लाख मेगाटन से बढ़कर 2011–12 में 60.02 लाख टन हो गया। मक्का का उत्पादन वर्ष 2010–11 में 17.59 लाख मेगाटन की तुलना में वर्ष 2011–12 में 21.11 लाख मेगाटन हो गया है। प्रत्येक जिला में उसकी भौगोलिक स्थिति के अनुसार उद्यान फसल का चुनाव हो रहा है। 300 गोदामों का निर्माण किया गया है। भंडारण क्षमता 200 मेगाटन प्रति गोदाम है। इस प्रकार बिहार में कृषि क्षेत्र में इन्द्रधनुषी क्रान्ति हुई है। फूल, फल, साग-सब्जी, चाय, मसालें इत्यादि को प्रोत्साहित किया जा रहा है। **(विकास यात्रा रिपोर्ट- स्रोत 2012, पृ॰ 14)** आज बिहार में संस्थागत वित्त प्रवाह में बढ़ोतरी हुई है। व्यवसायिक बैंक तथा अन्य वित्तीय संस्थायें अधिक मात्रा में कृषि अद्योगों को वित्तीय सहायता प्रदान कर रही हैं। केन्द्र द्वारा भी अधिक मात्रा में संसाधनों का हस्तांतरण हो रहा है। विशेष राज्य के दर्जा पर काम चल रहा है। 12 हज़ार करोड़ विशेष आर्थिक पैकेज मिले हैं।

आज बिहार में शांति का माहौल है, संपत्ति एवं जान-माल का खतरा कम हुआ है। उद्यमियों में विश्वास जगा है। गरीबी उन्मूलन तथा रोजगार सृजन के लिए सार्थक प्रयास किए गए है। स्वच्छ और ईमानदार मुख्यमंत्री नीतीश कुमार के नेतृत्व में बिहार आगे बढ़ रहा है। पिछले 5 वर्षों में भारत के सकल घरेलू उत्पाद (GDP) में बिहार की भागीदारी में निरंतर बढ़ोतरी हुई है। 2007-08 से 2011-12 तक की अवधि में वार्षिक सकल घरेलू उत्पाद (स्थिर मूल्य) में अभुतपूर्व प्रगति हुई है। 2005-06 से 2011-12 तक की अवधि में सकल घरेलू उत्पाद स्थिर मूल्य पर वार्षिक वृद्धि दर काफी अच्छा रहा है।

निष्कर्ष के तौर पर कहा जा सकता है कि आज बिहार विकास के रास्ते पर है। वर्ष 2011-12 में लगभग 16.71 की दर से विकास कर रहा है जबकि देश 6.88 की दर से कृषि, उद्योग, कृषि-आधारित उद्योग, पर्यटन, स्वास्थ्य, उर्जा, विधि-व्यवस्था, संस्थागत वित्त, परिवहन आदि में चौतरफा विकास हो रहा है। अगर बिहार को विशेष राज्य का दर्जा मिल जाता है तो बिहार बहुत कम समय में अन्य विकसित राज्यों की बराबरी पर जल्दी ही आ जाएगा। अगर विशेष राज्य का दर्जा नहीं मिला तो इस विकास दर को बनाये रखना बहुत मुश्किल होगा और हो सकता है कि बिहार विकास के रास्ते की पटरी से उतर जाए। इस विकास के रास्ते पर अनेक चुनौतियाँ एवं बाधाएँ है- राजनीतिक भ्रष्टाचार, प्रशासनिक भ्रष्टाचार, लोक सेवा की नौकरशाही प्रवृति, बाढ़, अकुशल व भ्रष्ट न्यायपालिका, नक्सालवाद, भूमि विवाद, जातिवाद आदि। अगर बिहार इन बाधाओं को दूर कर लेता है तो बिहार विकास के रास्ते पर आगे बढ़ता जायेगा।

पंचायती राज एवं ग्रामीण अर्थव्यवस्था

भारत गांवों का देश है। स्वतंत्रता प्राप्ति के 59 वर्षों के बाद भी यहां की कुल जनसंख्या का 72 प्रतिशत लोग गांवों में निवास करती है। यहां के अधिकांश ग्रामवासी मुख्यतया कृषि तथा उससे संबंधित उद्योगों द्वारा जिंदगी बसर करते हैं। आज परिवर्तन के बावजूद भारत की अर्थव्यवस्था ग्रामीण अर्थव्यवस्था बनी हुई है। महात्मा गांधी ने कहा था कि भारत की आत्मा गांवों में निवास करती है। यदि गांव नष्ट होते हैं तो भारत नष्ट हो जाएगा। वह भारत नहीं होगा। विश्व में उसका संदेश समाप्त हो जाएगा। लेकिन दुख की बात यह है कि आज भी अधिकांश निर्धन अधिकांश बेरोजगार गांवों में निवास करते हैं। गांव में रहन-सहन का स्तर अब भी निम्न स्तर का है, न गांव में सड़क है, न पीने का पानी, न बिजली, न स्कूल, न अस्पताल साथ ही आजीविका के साधनों का भी अभाव है। इन उपर्युक्त समस्याओं एवं परिस्थितियों को देखते हुए पंचायती संस्थाओं की जिम्मेदारी और भी अधिक बढ़ जाती है। इसी को ध्यान में रखते हुए 2 अक्टूबर 1952 को सामुदायिक विकास योजना की शुरुआत हुई और इसके अंतर्गत कार्य निष्पादित हुए। लेकिन अनुकूल सफलता नहीं प्राप्त हो सकी। पंचायती राज की स्थापना के बाद पंचायती राज के महत्वपूर्ण उद्देश्य गांव का सर्वांगीण विकास है। ग्रामीण अर्थव्यवस्था में पंचायती राज संस्थाओं की जिम्मेदारी निम्नलिखित समझी जाती है।

भूमि सुधार– भारतीय कृषि में सुधार के लिए भूमि सुधार को आवश्यक माना गया है। देश में स्वतंत्रता आंदोलन काल में स्पष्ट रूप से यह महसूस किया गया था कि देश में दोषपूर्ण शोषण पर आधारित कृषि व्यवस्था को समाप्त करने की आवश्यकता है। इसी सोच के आलोक में प्रथम पंचवर्षीय योजना में भूमि संबंधी नीति को अस्पष्ट रूप दिया गया। 1950–55 के बीच भूमि संबंधी कानून विभिन्न राज्यों में बनाए गए विभिन्न पंचवर्षीय योजना में भी भूमि सुधार संबंधी अनेक कार्यक्रम लागू किए गए। लेकिन भारत में भूमि सुधार कार्य की गति बहुत ही धीमी रही है। कुछ राज्यों में तो अभी तक लागू भी नहीं किया गया है। अतः समय आ गया है यह जिम्मेदारी पूर्णतः पंचायती राज संस्थाओं को सौंपी जानी चाहिए।

सिंचाई की व्यवस्था– भारत एक कृषि प्रधान देश है। यहां विभिन्न प्रकार की जलवायु पाई जाती है। किसी भी देश में कृषि के लिए सिंचाई का महत्वपूर्ण स्थान होता है। कुल भूमि का 40 प्रतिशत से कम भूमि को सिंचाई सुविधा दे पाते हैं। अभी हम मानसून पर

निर्भर हैं। अतः स्थानीय लोगों के अनुसार योजना बनाकर सिंचाई की समुचित व्यवस्था की जा सकती है तथा सिंचाई की व्यवस्था में सुधार लाया जा सकता है। अतः यह जिम्मेदारी भी पंचायती राज संस्थाओं को पूर्ण रूप से सौंप देनी चाहिए।

कृषि साख- कृषि विकास के लिए कृषि साख अनिवार्य तत्व है, लेकिन भारत में साख की अपर्याप्तता एवं अनुपयुक्तता की समस्या कृषकों के सामने रही है। कृषकों को महाजनों द्वारा अधिक ब्याज दर पर ऋण उधार मिलता है और समय पर उपलब्ध नहीं होती है तथा सही माध्यम से प्राप्त नहीं होती है। अतः आज समय आ गया है कि समुचित व्यवस्था किसानों को प्राप्त हो और इसकी पूर्ण जिम्मेदारी पंचायती राज संस्थाओं को सौंप देनी चाहिए।

पर्यावरण तथा वन रोपण- आज वातावरण प्रदूषित हो गया है। इसका एक कारण यह भी है कि पर्याप्त मात्रा में वन नहीं है। आज भी बहुत सारे लोग खुले आकाश में रह रहे हैं। इन समस्याओं का समाधान पंचायती राज संस्थाएं अच्छे तरीके से कर सकते हैं।

जनसंख्या- आज भारत का जनसंख्या की दृष्टि से विश्व में दूसरा स्थान है और ऐसा अनुमान लगाया जा रहा है कि 2030 तक पहला स्थान प्राप्त कर लेगा। जनसंख्या का वार्षिक वृद्धि दर अधिक है। अतः जनसंख्या के नियंत्रण का भार पूर्णतः पंचायती राज संस्थाओं पर सौंप देनी चाहिए।

लघु एवं कुटीर उद्योग- अंग्रेजों के शासन के पूर्व भारत में लघु एवं कुटीर उद्योग ही था। लेकिन अंग्रेजों के शासनकाल में इसका सबसे ज्यादा पतन हुआ स्वतंत्रता के बाद इसके विकास के लिए विभिन्न पंचवर्षीय योजना में प्राथमिकता भी प्रदान किया गया, लेकिन अनुकूल सफलता प्राप्त नहीं हुई। आज इसके विकास की जिम्मेदारी पंचायती राज संस्थाओं को सौंप देनी चाहिए, जिससे बेरोजगारी दूर की जा सके। कृषि आधारित उद्योग का विकास भ्रष्टाचार को रोकना सरकार द्वारा चलाए जा रहे विभिन्न योजनाओं को सही ढंग से लागू करना, सड़क परिवहन, की व्यवस्था इत्यादि का भार पचायती राज संस्थाओं को पूर्ण रूप से सौंप देनी चाहिए। पंचायती राज संस्थाओं का ग्रामीण पुनर्निर्माण में उपर्युक्त जिम्मेदारियों को देखते हुए हम इस निष्कर्ष पर पहुंचते हैं कि 2030 तक अगर देश को आर्थिक महाशक्ति बनना है तो उपयुक्त जिम्मेदारी पंचायती राज को सौंपना होगा।

ग्रामीण अर्थव्यवस्था में ग्राम पंचायत की भूमिका

भारत गांवों का देश है। यहां के लगभग 72.19 प्रतिशत जनसंख्या गांवों में रहती है। इसलिए कहा गया है कि भारत की आत्मा गांवों में बसती है परंतु ग्राम वासियों की स्थिति काफी दयनीय है। शहरी निर्धनता की तुलना में ग्रामीण निर्धनता की जनसंख्या अधिक है। निर्धनता की रेखा से नीचे रहने वाले लोगों की स्थिति का अंदाजा नहीं लगाया जा सकता है।

	1973–74	1977–78	1987–88	1993–94	1999–2000
ग्रामीण	56.49 %	53.67 %	39.07 %	37.27 %	27.09 %
शहरी	49.01 %	45.24 %	38.20 %	32.36 %	23.62 %

ऊपर की तालिका से यह स्पष्ट है कि धीरे-धीरे ग्रामीण निर्धनता एवं शहरी निर्धनता का अंतर कम होता जा रहा है। इसका कारण है लोगों का शहरों की ओर पलायन इसलिए गांव के लोगों की दशा में सुधार करने की आवश्यकता है। ग्रामीण जनसंख्या के जीवन स्तर को ऊंचा उठाने के लिए ही राष्ट्रपिता महात्मा गांधी ने ग्रामीण अर्थव्यवस्था को सुदृढ़ करने पर बल दिया था। प्रजातांत्रिक देशों की मूल समस्या रही है कि उत्तरदाई शासन व्यवस्था की स्थापना कैसे की जाए? प्रजातंत्र के उद्देश्यों की प्राप्ति का मूल आधार है सत्ता का विकेंद्रीकरण। पंचायती राज की अवधारणा विश्लेषकों ने पंचायती राज संस्थाओं को प्रजातंत्र का क्रियात्मक स्वरूप तथा सत्ता का विकेंद्रीकरण को पंचायती राज का पूर्व शर्त माना। स्वतंत्रता प्राप्ति के बाद पंचायती राज व्यवस्था को अपनाने के लिए संवैधानिक प्रावधान किए गए। निदेशक सिद्धांतों की धारा 40 में ग्राम पंचायत की इकाई को संवैधानिक आधार प्रदान किया गया और पूरे भारत में लगभग 225832 ग्राम पंचायत में कार्यरत हो गई। आर्थिक स्तर पर पंचायतों के विकास हेतु सामुदायिक विकास योजना की नींव रखी गई थी, लेकिन कई व्यवहारिक खामियों के कारण स्पष्ट हो गया है कि यह सफल योजना नहीं हो पाएगी। तदोपरांत बलवंत राय मेहता समिति का गठन किया गया। इस समिति ने त्रिस्तरीय पंचायती राज व्यवस्था की सिफारिश की।

बाद में संविधान संशोधन अधिनियम एवं पंचायती राज अधिनियम 1993 पंचायती राज का आदर्श प्रजातांत्रिक विकेंद्रीकरण द्वारा जन सहभागिता एवं सशक्तिकरण के उद्देश्य की प्राप्ति के लिए संविधान का 73 वां संविधान संशोधन विधेयक बनाकर इसे संवैधानिक संस्थाओं का दर्जा दिया गया। इस अधिनियम की विशेषता

यह रही कि इसके द्वारा समाज के कमजोर वर्ग को उसकी जातीय जनसंख्या के अनुपात में आरक्षण प्रदान किया दिया गया। बिहार पंचायती राज अध्यादेश 2006 के द्वारा इन संस्थाओं को और भी जनप्रतिनिधियात्मक बनाने का प्रयास किया गया तथा एकल पदों को भी आरक्षण के दायरे में लाया गया।

ग्रामीण अर्थव्यवस्था को सुदृढ़ करने के लिए सरकार द्वारा अनेक कार्यक्रम शुरू किए गए। इन सभी कार्यक्रमों का एक ही उद्देश्य है कि ग्रामीण जनता को अधिक से अधिक सुविधाएं एवं रोजगार प्राप्त हो।

निम्नलिखित कार्यक्रमों द्वारा ग्रामीण अर्थव्यवस्था को ठीक करने का प्रयास किया जा रहा है, जिसमें ग्राम पंचायत की मुख्य भूमिका है।

1- संपूर्ण ग्रामीण रोजगार योजना (S. G. R.Y.)- वर्ष 2001 में शुरू की गई योजनाओं का उद्देश्य ग्रामीण क्षेत्रों में अतिरिक्त रोजगार मुहैया कराना है S. G. R.Y. सभी ग्रामीण गरीबों के लिए रोजगार की ज़रूरत है और जो गांव के आसपास शारीरिक और अकुशल श्रम करना चाहते हैं, उन्हें काम दिया जाए। यह कार्यक्रम पंचायती राज संस्थाओं के द्वारा कार्यान्वित किया जा रहा है।

2- इंदिरा आवास योजना (I. A.Y)- 1999 से 2000 में शुरू की गई इस योजना से गरीबों के लिए मुफ्त में मकान निर्माण कराना है। ग्रामीण विकास मंत्रालय के माध्यम से ग्राम पंचायत द्वारा भवन बनाने का उद्देश्य है।

3- प्रधानमंत्री ग्रामोदय योजना (P.M. G.Y.)- 2000−2001 में शुरू की गई। P.M. G.Y. में प्राथमिक स्वास्थ्य, प्राथमिक शिक्षा, ग्रामीण आश्रय स्थरल, ग्रामीण पेयजल, ग्रामीण विद्युतीकरण जैसी चुनिंदा बुनियादी सेवाओं को शामिल किया जो केंद्रीय सहायता से शुरू की गई है। पंचायत का काम है आवश्यकता अनुसार इसे लागू करवाना।

4- ग्रामीण रोजगार सृजन कार्यक्रम (R.E.G.P.) 1995 में ग्रामीण क्षेत्रों में रोजगार के अवसर पैदा करने के उद्देश्य से कार्यक्रम शुरू किया गया है । इस कार्यक्रम के द्वारा ग्रामीण स्तर पर रोजगार सृजन किया जाना है। R.E.G. P. के अंतर्गत अधिकतम 25 लाख रुपए की लागत वाली परियोजना हेतु बैंकों से ऋण लेकर ग्राम उद्योग स्थापित कर सकते है। इससे रोजगार के नए अवसर सृजन होंगे।

5- प्रधानमंत्री ग्रामीण रोजगार योजना (P. M. R. Y.)- P. M. R. Y. इस उद्देश्य के साथ शुरू की गई कि शिक्षित बेरोजगार युवकों को कोई काम शुरू करने में सहायता देकर स्वरोजगार के अवसर उपलब्ध कराए जाएं। अब तक इसके अंतर्गत 20 लाख यूनिटें

स्थापित की जा चुकी है, जिसके 30.4 लाख अतिरिक्त रोजगार के अवसर सृजित हुए हैं।

6- प्रधानमंत्री सड़क योजना (P.M.G.S.Y.) वर्ष 2000 ई० में शत- प्रतिशत केन्द्री प्रायोजित योजना के रूप में शुरू की गई। इस योजना का उद्देश्य 10 वीं योजना के अंत तक ग्रामीण क्षेत्रों में 500 या अधिक जनसंख्या वाली संपर्क रहित बस्तियों को संपर्क सुविधा उपलब्ध कराना है।

7- अंत्योदय अन्य योजना (A.A.Y.) दिसंबर, 2000 ई० में शुरू की गई। A.A.Y. द्वारा सार्वजनिक वितरण प्रणाली के अंतर्गत गरीब परिवारों को दो रुपए प्रति किलो गेहूं और ₹3 प्रति किलो चावल उपलब्ध कराना है। प्रति परिवार खाद्यान्न की मात्रा 25 किलोग्राम प्रतिमाह थी। उसे बढ़ाकर 2001 ई० में 35 किलोग्राम प्रतिमाह कर दिया गया।

8- बाल्मीकि अंबेडकर आवास योजना- यह योजना गंदी बस्तियों में रहने वाले गरीब लोगों के लिए है। इस योजना का एक घटक निर्मल भारत अभियान के अंतर्गत सामुदायिक शौचालयों का निर्माण करा रहा है। 50 प्रतिशत केंद्र एवं 50 प्रतिशत राज्य के सहयोग से यह कार्यक्रम चलाया जाता है। इसमें ग्राम पंचायत की महत्वपूर्ण भूमिका है।

9- विजन 2020 फॉर इंडिया- देश में गरीबी रेखा के नीचे जीवन यापन करने वाले व्यक्तियों की दशा में सुधार लाने की दृष्टि से विजन 2020 फॉर इंडिया नाम की एक महत्वाकांक्षी नीतिगत दस्तावेज केंद्र सरकार द्वारा तैयार किया जा रहा है जिसका उद्देश्य समय सीमा के अंदर गरीबी रेखा से नीचे रहने वाले लोगों की स्थिति में सुधार करना है। ताकि अगले 20 वर्षों में गरीबी रेखा के नीचे का कलंक समाज से पूरी तरह मिटाया जा सके। इस प्रकार ग्रामीण अर्थव्यवस्था को सुदृढ़ करने के उद्देश्य से अनेक कार्यक्रम शुरू किए गए हैं। परंतु इन कार्यक्रमों का सही लाभ तभी मिल सकेगा जब ग्राम पंचायत ईमानदारी पूर्वक गरीबों का चयन कर कार्यक्रम का सही लाभ उन्हें दें, लेकिन हाल के दिनों में तैयार किए गए बीपीएल सूची में पंचायत स्तर पर काफी मनमानी की गई। इसमें सरकार की जमकर खिंचाई की गई। इसके बावजूद ग्राम पंचायत ग्रामीण अर्थव्यवस्था को उन्नत करने में महत्वपूर्ण भूमिका निभाती है। आवश्यकता है, इसमें कार्यरूप देने वाली एजेंसियों की कार्यकुशलता और पारदर्शिता की।

खाद्य प्रसंस्करण उद्योगः चुनौती एवं संभावनाए

भारतीय अर्थव्यवस्था में कृषि की गिरती हिस्सेदारी के बावजूद बिहार के पूर्णिया जिले की कृषि में हिस्सेदारी बढ़ रही है। पूर्णिया जिले में लगभग 90 प्रतिशत लोग कृषि पर आश्रित हैं। आजीविका का मुख्य स्रोत कृषि है। जिले का भौगोलिक क्षेत्रफल 331231 वर्ग किलोमीटर है। जिसमें खेती लायक 194194.16 हेक्टेयर भूमि है। जंगल 562.02 हेक्टेयर विभिन्न प्रकार के पेड़ पौधे हैं। यहां की भूमि में मुख्य फसलें धान, गेहूं, मक्का, जूट, केला और मखाना है। इसे निम्न तालिका द्वारा दर्शाया गया है।

तालिका-1

पूर्णिया जिले में विभिन्न फसलों की खेती (हेक्टेयर में)

फसल	धान	गेहूँ	मक्का	जूट	केला	दलहन	तेलहन	गन्ना
हेक्टेयर	1396158	46538.4	41918.4	29324.9	997.90	29649	171134	834.90

उपरोक्त फसलों के अतिरिक्त दूध, लीची, आम, पपीता, मांस, मछली, इत्यादि का उत्पादन भी पर्याप्त मात्रा में होता है।

ऊपर वर्णित तथ्यों को ध्यान में रखते हुए पूर्णिया जिला में खाद्य प्रसंस्करण उद्योग को ग्रामीण अर्थव्यवस्था को बढ़ावा देने वाला एक बेहद संभावना संपन्न क्षेत्र माना जा रहा है। क्योंकि यह उद्योग और कृषि के बीच संबंध स्थापित करके दोनों की संभावना में चार चांद लग सकता है। स्वभाविक तौर पर इससे गांव में रहने वाले लोगों की आय बढ़ती है, बर्बादी घटती है। कृषि उत्पादों का मूल्य संवर्धन होता है। फसल विविधता को बढ़ावा मिलता है, रोजगार के अवसर सृजित होते हैं और निर्यात को बढ़ावा मिलता है।

पूर्णिया जिला में खाद्य प्रसंस्करण क्षेत्र में विकास की अपार संभावनाएँ मौजूद हैं। खाद्य प्रसंस्करण सेक्टर के तहत फलों, सब्जियों, डायरी, मांस, मछली, खाद पदार्थ, अनाज, अल्कोहल से बने पेय पदार्थ, कोल्ड, ड्रिंक और सॉफ्ट ड्रिंक आदि आते हैं। इसमें कृषि या फल, सब्जियों आदि सभी का हर तरफ से मूल्यवर्धन शामिल है। इसमें प्रसंस्करण जैसे ग्रेडिंग, टंटाई और पैकिंग सभी शामिल है, जिससे खाद्य पदार्थ अधिक दिनों तक सुरक्षित रह पाते हैं।

पूर्णिया जिले में दुग्ध उत्पादन की अपार संभावना है। दूध देने वाली मवेशियों की संख्या काफी अधिक है। दूध से पेड़ा दही रसगुल्ला ठंडा पेय की आदि का निर्माण हो रहा है। संस्कारों के माध्यम से चीज़ पनीर इत्यादि का उत्पादन बढ़ाया जा सकता है।

पूर्णिया में जानवरों की अधिक संख्या रहने के कारण यहां खाल, चमड़ा काफी मात्रा में उपलब्ध है। अतः चमड़ा उद्योग की संभावना है, जूता, चप्पल, बैग, बेल्ट इत्यादि निर्माण के लिए इकाईयाँ खोली जा सकती है।

मांस और कुक्कुट प्रसंस्करण उद्योग पूर्णियाँ जिले में गाय, भैंस, भैंसा, बकरी, भेड़ तथा मुर्गीपालन किसानों द्वारा किया जाता है। इस जिले में एक भी बूचड़खाना की स्थापना नहीं हुई है, बूचड़खानों की स्थापना और आधुनिकीकरण नहीं होने से मांस की भयंकर बर्बादी, मांस में अशुद्धि, वध किए जाने वाले पशुओं के प्रति क्रूरता एवं चमड़े फटने के उद्यमी को हानि उठानी पड़ती है। इसका प्रभाव निर्यात पर पड़ता है। पूर्णिया में मांस और कुकुट प्रसंस्करण उद्योग की काफी संभावना मौजूद है।

मकई आधारित प्रसंस्करण उद्योग– मकई से स्टार्च, ग्लूकोज, कार्नफ्लैक्स, खाने का तेल, मुर्गी के चारे एवं कुरकुरे दर्जनों तरह की सामग्री बनाई जाती है। पूर्णिया जिले में 41918.4 हेक्टेयर भूमि में मकई की खेती की जाती है। आज यहां से करीब 600000 लाख टन मक्का दूसरे देश में भेजा जाता है। इतनी बड़ी मात्रा में मक्का की पैदावार को देखते हुए इस क्षेत्र में मकई आधारित प्रसंस्करण उद्योगों के विकास की अपार संभावनाएँ हैं, लेकिन आज तक यहां प्रोसेसिंग यूनिट नहीं लगी है।

मखाना प्रसंस्करण उद्योग– पूर्णिया में मखाना की खेती हो रही है लेकिन इसका प्रसंस्करण नहीं हो रहा है। मखाना की खेती कृषि आधारित अर्थव्यवस्था है, लेकिन जब तक इसका समुचित प्रबंधन प्रशिक्षण एवं मार्केटिंग की व्यवस्था सरकार द्वारा नहीं की जाती है, तब विकास संभव नहीं है। यदि इसका प्रसंस्करण कर दिया जाए तो इसका मूल्य बढ़कर कई गुना हो जाएगा।

जूट उद्योग– पूर्णिया जिला में जूट उद्योग की भारी संभावनाएँ मौजूद है। पाट बिहार और पूर्णिया जिले का प्रमुख नकदी फसल के उत्पादन का लगभग 50 प्रतिशत अंश पूर्णियाँ जिले से प्राप्त होता है। पूर्णिया में 29324.9 हेक्टेयर भूमि में जूट की खेती होती है। पाट के वैज्ञानिक तरीके से प्रसंस्करण ना हो पाने के कारण तैयार पाट की गुणवत्ता में कमी आ जाती है, फलस्वरूप किसानों को यथोचित लाभ नहीं मिल पाता है।

पूर्णिया जिले में धान 1396158 हेक्टेयर, गेहूं 46538.4 हेक्टेयर, केला 997.90 हेक्टेयर, दलहन 29649 हेक्टेयर, तेलहन 171134 हेक्टेयर, तथा गन्ना 834.90 हेक्टेयर भूमि में खेती हो रही है। पर्याप्त मात्रा में उत्पादन हो रहा है, लेकिन इसका प्रसंस्करण नहीं हो रहा है। इसका प्रसंस्करण करके काफी लाभ कमाया जा सकता

है। इसके साथ ही साथ आम, केला, पानीफल, सिंघाड़ा इत्यादि का उत्पादन पूर्णिया जिला में काफी होता है। इनका प्रसंस्करण करके अच्छी आमदनी प्राप्त की जा सकती है। इसकी काफी संभावनाएँ मौजूद है। जिले में फलों तथा सब्जियों में आलू, प्याज, बैंगन, पत्ता गोभी, फूल गोभी, टमाटर प्रमुख हैं, लेकिन इनका प्रसंस्करण नहीं हो पाता है। इसका प्रसंस्करण इकाईयाँ खोली जा सकती हैं तथा इसकी अपार संभावना है। फलों में जूस, मधुर पेय, टमाटर से चटनी फूलों से इत्र, सुगंधित तेल इत्यादि निर्माण की प्रसंस्करण इकाईयां खोली जा सकती है। इसकी काफी संभावनाएँ पूर्णिया जिले में मौजूद हैं। कोल्ड स्टोरेज एवं शीतघरों के निर्माण की आवश्यकता है।

निष्कर्ष के तौर पर कहा जा सकता है कि बिहार में पूर्णिया जिले में खाद्य प्रसंस्करण उद्योग के लिए भरपूर संभावनाएँ हैं। इनके विदोहन एवं उचित लाभ लेने की ज़रूरत है। जिले में अनेक तरह की फसलें, फल, जड़ी, बूटी, सुगंधित एवं औषधीय पौधों सब्जियों की फसल, मसाले, मिर्ची आम इत्यादि उपजायी जाती है। इसके साथ ही साथ डेयरी, मांस, पाल्ट्री, मछली इत्याजदि खाद्य पदार्थ, पेय पदार्थ, कोल्डल ड्रिंक्स और सॉफ्ट ड्रिंक्स, दूध एवं चमड़ा उद्योग इत्यादि के विकास एवं विस्तार की संभावनाएँ मौजूद हैं। सरकार एवं निजी क्षेत्र द्वारा निवेश बढ़ाने की ज़रूरत है। जिले में निवेश बढ़ाने के लिए उद्यमी को प्रोत्साहित करने के लिए आवश्यकता है। इसके लिए विधि व्यवस्था, सड़क, बिजली, पूंजी, कोल्ड, स्टोरेज, वित्तीय संस्थाओं आदि की आवश्यकता है। यदि पूर्णिया जिला को खुशहाल बनाना है तो हमें मिलकर प्रतिबद्धता के साथ सकारात्मक दृष्टिकोण से काम करना होगा। पूर्णिया जिला में खाद्य प्रसंस्करण उद्योग का भविष्य उज्जवल प्रतीत होता है।

संदर्भ ग्रन्थ सूची

ग्राम्य विकासः पंचायती राज

1. डॉ. शिवभूषण गुप्तः कृषि अर्थव्यवस्था
2. डॉ. शिवभूषण गुप्तः कृषि अर्थव्यवस्थाय पेज-204
3. डॉ. परमानंद यादवः पंचायती व्यवस्था में चूनौतियां; पृष्ठ 35
4. कुरूक्षेत्र अगस्त 2009 : पृष्ठ सं-03
5. कुरूक्षेत्र अगस्त 2009 : पृष्ठ 04
6. दैनिक जागरण जून 2007
7. एस.एन.जैनः भारतीय संविधान और राजनीतिय द्वितीय खण्डः पृष्ठ-273
8. पंचायती राज व्यवस्था एवं ग्रामीण विकासय पृष्ठ-207

पंचायती राज व्यवस्था और निर्धन वर्ग

1. योजना 2004 पृष्ठ-08
2. भारतीय अर्थशास्त्र डॉ. सुमन पृष्ठ 124
3. कृषि अर्थशास्त्र पृष्ठ 2008
4. 73 वाँ संविधान संशोधन-1993
5. सिंह एण्ड सिंह एन इण्डियन इकोनॉमी, पृष्ठ-107
6. योजना, मार्च 2007
7. कृषि अर्थव्यवस्था, पृष्ठ-212
8. कुरूक्षेत्र, वर्ष 2018

आर्थिक विकास में पर्यावरण की भूमिका

1. विकास एवं पर्यावरणी अर्थशास्त्र- डॉ० एस० एम० शुक्ल एवं डॉ० जे० पी० मिश्रा, साहित्य भवन, आगरा। पृ०-171
2. योजना (मासिक) जून, 2013, पृ०-33
3. वही, पृ०-34
4. वही पृ०-34
5. न्याय के साथ विकास यात्रा के 07 वर्ष रिपोर्ट कार्ड 2012। पृ०-50
6. न्याय के साथ विकास यात्रा के 4 वर्ष रिपोर्ट कार्ड 2009।

पृ०-58

7. भारत का आर्थिक विकास – डॉ० बी० एल० गुप्ता, आर्य पब्लिकेशन 2007। पृ०-149, 150

8. दैनिक जागरण, भागलपुर संस्करण 8 जून, 2013

पर्यटन उद्योग और बिहार

1. हिन्दुस्तान शनिवार 25 मई, 2013 भागलपुर संस्करण-पृ०-2

2. बिहार का आर्थिक परिदृश्य सामाजिक, मानवीय एवं पर्यावरणी शोध पत्रिका-वर्ष-2003 अंक-6, जुलाई-दिसम्बर, 2011 पृ०-54, 57

3. हिन्दुस्तान शनिवार 25 मई, 2013 भागलपुर संस्करण-पृ०-2

4. न्याय के साथ विकास यात्रा के 4 वर्ष रिपोर्ट कार्ड 2009, पृ०-17

5. न्याय के साथ विकास यात्रा के 7 वर्ष रिपोर्ट कार्ड 2012, पृ०-21,22

6. न्याय के साथ विकास यात्रा के 4 वर्ष रिपोर्ट कार्ड 2009, पृ०-58

7. हिन्दुस्तान शनिवार 25 मई, 2013 भागलपुर संस्करण-पृ०-2

8. हिन्दुस्तान शनिवार 25 मई, 2013 भागलपुर संस्करण-पृ०-2

महिला सशक्तिकरण और उद्यमिता

1. प्रतियोगिता दर्पण 2011

2. भारतीय संविधान- डा० डी० डी० बसु

3. भारतीय अर्थव्यवस्था- डा० सुमन

4. भारतीय अर्थशास्त्र- ए० एन० अग्रवाल

5. भारतीय लोक वित्त- डॉ एस० के० सिंह

6. भारतीय अर्थशास्त्र- डॉ० चतुर्भुज मामोरियन, डॉ० एस० सी० जैन

7. भारतीय अर्थशास्त्र- भगवान प्रसाद

महिला और उद्यमिता

1. भारत सरकार, सूक्ष्म, लघु और मध्यम उद्यम मंत्रालय, नई दिल्ली, वार्षिक रिपोर्ट 2013–14, पृष्ठ सं 189–190।

2. (कुरूक्षेत्र, अंक नवम्बर 2020 पेज न० 5)

3. (पंखुड़ी दत्त, सशक्त ग्रामीण महिला उद्यमियों से नए भारत का सृजन, कुरूक्षेत्र, अंक नवम्बर 2020 पेज न० 33)

4. अंकिता शुक्ला, महिला सशक्तिकरण में उच्च शिक्षा की भूमिका

5. ज्ञान श्रंखला-1, महिला उद्यमिता को बढ़ावा देने के लिए हैंडबुक, सीडबी

6. भारतीय अर्थशास्त्र- भगवान प्रसाद ।

7. प्रतियोगिता दर्पण- 2011 वार्षिकांक ।

8. भारतीय अर्थशास्त्र- डॉ. चतुर्भुज मामोरियन, डॉ. एस. सी. जैन ।

कृषि आधारित उद्योगः स्थिति, समस्या एवं समाधान

1. स्रोत भागलपुर संस्करण दैनिक जागरण 24.01.2010
2. स्रोत- दैनिक जागरण 24.4.2007 भागलपुर संस्करण
3. वार्षिक औद्योगिक सर्वेक्षण, 2012–13 के आंकड़े
4. भगवान प्रसाद सिंह, भारतीय अर्थव्यवस्था, पेज 268
5. डॉ. सुमन, भारतीय अर्थव्यवस्था, पृष्ठ सं० 333 ।
6. वार्षिक प्रतिवेदन 2019–20 उद्योग विभाग, बिहार सरकार ।
7. वार्षिक कार्यक्रम 2020–21 उद्योग विभाग, बिहार सरकार ।

खाद्य प्रसंस्करण उद्योग और बिहार

1. भगवान प्रसाद सिंह, भारतीय अर्थव्यवस्था

2. शिव भूषण गुप्ता, कृषि अर्थशास्त्र, नवीन संस्करण, पृ०स० 259

3. दैनिक जागरण 24–01–2010 भागलपुर संस्करण

4. भारतीय अर्थव्यवस्था- भगवान प्रसाद सिंह

5. स्रोत हिन्दुस्तान भागलपुर रविवार 25 जुलाई 2010

6. कृषि अर्थशास्त्र डॉ. शिवभूषण गुप्ता, नवीन संस्करण पृ०स०-265

7. कृषि अर्थशास्त्र डॉ. शिवभूषण गुप्ता पृ०स०-264)

8. हिन्दुस्तान सोमवार 15 दिसम्बर 2008 भागलपुर

9. भारतीय अर्थव्यवस्था- भगवान प्रसाद सिंह

10. आर्थिक समीक्षा 2005–06
11. भारतीय अर्थव्यवस्था- डॉ. वी.वी सिन्हा एवं पुस्पा सिन्हा

बिहार में चीनी उद्योग की स्थिति

1. कृषि आधारित उद्योग की संभावनाएँ एवं विकास, पूर्णियाँ जिला का विशेष अध्ययन, पृष्ठ-155
2. भारतीय अर्थव्यवस्था, भगवान प्रसाद पृष्ठ-280
3. इन्टरनेट
4. डॉ. सुमन, भारतीय अर्थव्यवस्था, पृष्ठ-325
5. भगवान प्रसाद सिंह, भारतीय अर्थव्यवस्था, पृष्ठ-283
6. प्रतियोगिता दर्पण

बिहार में जूट उद्योग उद्योगः चुनौती

1. डॉ. रामदयाल पासवान, कृषि आधारित उद्योग की संभावनाएँ पूर्णियाँ के संदर्भ में, पृष्ठ 151
2. भगवान प्रसाद, भारतीय अर्थव्यवस्था, पृष्ठ 259
3. डॉ. सुमन, भारतीय अर्थव्यवस्था, पृष्ठ-337
4. भगवान प्रसाद सिंह, भारतीय अर्थव्यवस्था, पृष्ठ-278
5. https://siwanlocal.in/
6. https://siwanlocal.in/

बिहार में मक्का आधारित उद्योग

1. राज्य के आर्थिक व सांख्य की निदेशालय, पटना
2. कृषि चेतना, अंक-03, 2020
3. हिन्दुस्तान भागलपुर रविवार 25 जुलाई, 2010
4. हिन्दुस्तान भागलपुर रविवार 25 जुलाई, 2010
5. भगवान प्रसाद, भारतीय अर्थव्यवस्था, पृष्ठ 259
6. डॉ. सुमन, भारतीय अर्थव्यवस्था, पृष्ठ 0337
7. दैनिक जागरण, दिनांक, 18.12.2009
8. डॉ. शिवभूषण गुप्ता, कृषि अर्थव्यवस्था. पृष्ठ 265

बिहार की लघु उद्योग

1. भारतीय अर्थव्यवस्था- भगवान प्रसाद, पृष्ठ-267

2. राष्ट्रीय सहारा, 9 दिसम्बर 2000

3. भारतीय अर्थव्यवस्था- भगवान प्रसाद, पृष्ठ-267

4. कृषि अर्थव्यवस्था, डॉ. शिवभूषण गुप्त, पृष्ठ -221

5. डॉ. शिवभूषण गुप्ता, कृषि अर्थव्यवस्था, पृष्ठ-227

6. प्रतियोगिता दर्पन, भारतीय अर्थव्यवस्था, 2016

7. रूद्र दत्त, के.पी.एम. सुन्दल, भारतीय अर्थव्यवस्था, एस चन्दर एण्ड कम्पनी लि०, नई दिल्ली 2003

गरीबी उन्मूलन और पशुपालन

1. भारतीय अर्थव्यवस्था- भगवान प्रसाद, भारती भवन, द्वितीय संस्करण, 2006 पृ०-314

2. वही – पृ०- 328

3. योजना – 10 अंक अक्टूबर, 2013 पृ०-38

4. भारतीय अर्थव्यवस्था- भगवान प्रसाद, भारती भवन, द्वितीय संस्करण, 2006 पृ०-372

5. योजना – 10 अंक अक्टूबर, 2013 पृ०-39

6. योजना – 10 अंक अक्टूबर, 2013 पृ०-41

7. न्याय के साथ विकास यात्रा के 7 वर्ष रिपोर्ट कार्ड-2012 (बिहार सरकार)- पृ०-15

8. न्याय के साथ विकास यात्रा के 4 वर्ष रिपोर्ट कार्ड-2009 (बिहार सरकार)- पृ०-15